Alles was
ich wissen will
TIERE

Ravensburger Buchverlag

Inhalt

Auf der Wiese

Während der warmen Jahreszeit ist die Luft über einer Wiese erfüllt von Summen, Zwitschern und Zirpen. Wenn man genau hinschaut, entdeckt man die kleinen Musikanten: Heuschrecken, Bienen, Hummeln oder die zwitschernden Schwalben hoch in der Luft. In den Hecken kann man die Vorratskammer des Neuntöters finden und am Boden krabbelt ein Hundertfüßer. Und aus der dicken gestreiften Raupe wird sicher einmal ein schöner Schmetterling.

Auf Wiese und Feld

Wiesen und Felder außerhalb der Stadt sind Oasen der Ruhe und Erholung. Aber nicht nur für Menschen, zahlreichen Tieren bieten sie einen idealen Lebensraum.

Vogelstimmen

Um ein Weibchen anzulocken, trällert das Braunkehlchen unermüdlich sein Djü-djüt, Djü-djüt. Am liebsten sitzt es dabei auf hohen Halmen. Sein Nest versteckt es in einer Bodenmulde. Ein Singvogel, der gar nicht danach klingt, ist die Saatkrähe mit ihrem rauen „Krah". Im Herbst und Winter versammeln sich manchmal Dutzende Vögel auf einem gemeinsamen Schlafplatz – dabei veranstalten sie einen ziemlichen Lärm. Ein Mäusebussard stößt ein schrilles „Hi-äh" aus, wenn er hoch in der Luft schwebt.

Kleine Nager

Nur faustgroß ist das kugelrunde Nest der Haselmaus. Nachts klettert sie geschickt durch Bäume und Sträucher auf der Suche nach Haselnüssen, Beeren und Insekten. Der Feldhamster dagegen hat seinen Wohnkessel unter der Erde. Dorthin schleppt er für den Winter so viel Nahrung wie möglich, um sich einen Vorrat anzulegen.

Kaum zu glauben

Mit ihren zu Sprungbeinen umgewandelten Hinterbeinen können manche Heuschrecken bis zu drei Meter weit springen.

Mäusebussard

In Wiesen und Feldern finden die unterschiedlichsten Tiere ihre Nahrung.

Krähe

Haselmaus

Feldhamster

Hummel

Biene

Braunkelchen

Grashüpfer

Zwergmaus

Wiese und Feld
▶ Typische Pflanzen: Kräuter, Blumen (z. B. Gänseblümchen), Getreide (auf Feldern)
▶ Merkmale: durch den Menschen geschaffene Grünfläche
▶ Besonderheiten: Wiese wird von Bäumen überwachsen, wenn sie nicht gemäht wird.

Strenge Arbeitsteilung: Die Königin legt Eier, die Arbeiterinnen füttern die heranwachsenden Bienen.

Bienenfleißig

Ein Bienenvolk stellt in einem einzigen Sommer etwa 30 Kilogramm Honig her. Die Bienen fliegen von Blüte zu Blüte und saugen den sogenannten Nektar in ihren Honigmagen. Im Bienenstock wird er in Waben eingelagert, wo daraus Honig entsteht. Davon leben die Bienen im Winter.

Ein Bienenvolk besteht hauptsächlich aus Arbeiterinnen. Sie halten den Stock sauber, stellen Wachs für die Waben her und füttern die Königin und die heranwachsenden Bienen. Wächterinnen töten mögliche Eindringlinge. Die männlichen Bienen, die Drohnen, paaren sich mit der Königin.

Erste Winterboten haben Deutschland erreicht

Der Winter steht vor der Tür. Das kündigen die Saatkrähen an, die aus Nord- und Osteuropa zu uns kommen, um dem viel kälteren Winter in ihrer Heimat zu entkommen. In großen Scharen fallen sie bei uns ein und gesellen sich zu den einheimischen Krähen. In Parks und Anlagen bevölkern sie die kahlen Bäume und man hört ihr raues Krächzen schon von Weitem.

Du entscheidest selbst:
• Welche Tiere sehen mit den Ohren? ➡ Seite 18/19
• Welcher Singvogel geht ins Wasser? ➡ 26/27

Lies mal weiter!
Seite 44, 64, 68

Am Wegrand

Teste dein Wissen!

Welcher Schmetterling ist bei uns sehr bekannt?

(Tagpfauenauge)

Am Wegrand leben die gegensätzlichsten Tiere. Manche entdeckt man erst, wenn man in die Hocke geht und genau hinschaut.

Rundumblick

Die langen Ohren des Feldhasen, Löffel genannt, nehmen jedes Geräusch wahr, und den seitlich am Kopf stehenden großen Augen entgeht kaum etwas. Droht Gefahr, fliehen die Tiere in großen Sprüngen, die bis zu vier Meter weit sein können. Dabei ändern sie blitzschnell die Richtung, was ihre Verfolger ziemlich verwirrt – und das kann sie retten.

Bodenbrüter

Zaunkönig

Der Zaunkönig, das Rebhuhn und die Feldlerche nisten in Bodennähe. Das Zaunkönig-Männchen baut meist mehrere Nester, sogenannte Spielnester. Man nimmt an, dass damit Feinde irregeführt werden sollen. Zur Paarungszeit sucht sich das Weibchen das beste aus und polstert es weich, bevor es die Eier legt. Die Feldlerche baut ihr gut verborgenes Nest in einem Grasbüschel. Sie brütet zwei- bis dreimal im Jahr.

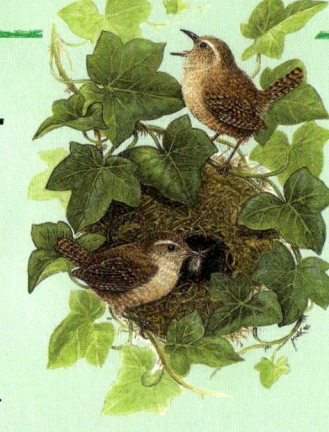

Wegrand

- Typische Pflanzen: Löwenzahn, Obstbäume, Distel
- Merkmale: grenzt an Felder, Wälder oder Wiesen
- Besonderheiten: Heimat für viele Heilkräuter

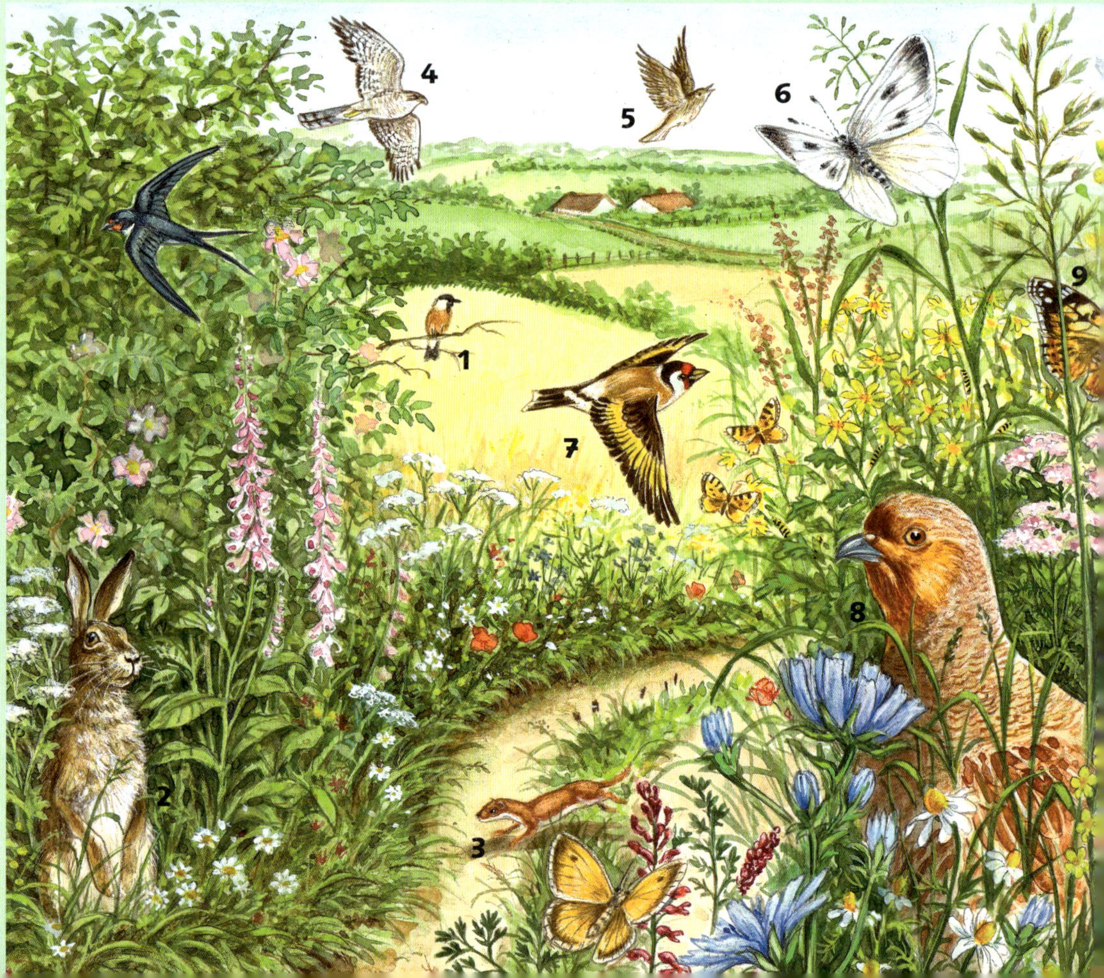

1 **Braunkehlchen**
2 **Feldhase**
3 **Iltis**
4 **Wiesenweihe**
5 **Feldlerche**
6 **Kohlweißling**
7 **Stieglitz**
8 **Rebhuhn**
9 **Distelfalter**
10 **Schwebefliege**
11 **Krabbenspinne**
12 **Bläuling**
13 **Schwalbenschwanz-Raupe**

Ein Schmetterling beginnt sein Leben als Ei. Zuerst wird er zur Raupe, dann verpuppt er sich, bis sich schließlich seine Flügel entfalten.

Das Tagpfauenauge ist einer der bekanntesten einheimischen Schmetterlinge.

Tierischer „Dünger"

Interview mit Dr. Wolff

Dr. Wolff, Sie behaupten: Regenwürmer düngen den Boden. Wie soll das gehen? Ihre Gänge durchziehen das ganze Erdreich: kreuz und quer, waagrecht und senkrecht. Dadurch wird der Boden aufgelockert und es kommt frische Luft in den Boden und an die Wurzeln. Das reicht, um fruchtbare Erde zu bekommen?

Nicht so ungeduldig. Jetzt kommt's: Sie ernähren sich von abgestorbenen Pflanzenresten, die sie in ihre Röhren ziehen. Dort verrotten sie und können dann von den Regenwürmern verzehrt werden. Und deren Ausscheidungen düngen den Boden.

Ah, und das ist wie bei einem Komposthaufen! Vielen Dank für diesen Blick unter die Erde.

Mit und ohne Füße

Hundertfüßer haben 15–171 Beine, die sie aber nur zum Teil zum Laufen einsetzen. Nachts gehen sie auf Jagd. Mit ihren Giftklauen vorne am Kopf greifen sie Insekten und Spinnen an und töten sie. Ohne Beine, nur mithilfe einiger weniger Borsten, bewegt sich der Regenwurm vorwärts. Er lebt unter der Erde und kommt nur bei Regen an die Oberfläche. Wenn sich seine Gänge mit Wasser füllen, würde er ertrinken.

Beim Spazierengehen kann man am Wegrand einige der erstaunlichsten Tiere beobachten.

Hundertfüßer

Lies mal weiter!
Seite 18, 32, 60

In der Hecke

Neuntöter

Gärtner und Bauern freuen sich über Hecken, weil sie den Wind abhalten. Für Tiere sind sie ein wahres Paradies. Sie können sich darin verstecken und ihre Jungen aufziehen.

Marienkäfer haben einen nie endenden Appetit auf Blattläuse.

Freund oder Feind?

Der Neuntöter, ein etwa spatzengroßer Vogel, packt seine Beute mit dem Hakenschnabel. Wenn genügend Nahrung vorhanden ist, spießt er seine Beute als Vorrat auf Dornen oder Stacheldraht auf. Daher kommt auch sein Name.

Das hübsche Rotkehlchen gerät außer sich, wenn ein anderes Männchen in sein Revier eindringt. Dann werden heftige Kämpfe ausgetragen.

Nachtwanderer

Nachts geht der Igel auf Beutefang. Mit den zahlreichen spitzen Stacheln auf seinem Rücken ist er bestens vor Angreifern geschützt. Wenn er in Gefahr gerät, rollt er sich blitzschnell zu einer Kugel zusammen. Leider werden jede Nacht Igel von Autos überfahren.

Auch das Wildkaninchen kann man nur in der Dämmerung beobachten.

Wildkaninchen

Tiere lieben das grüne Dickicht der Hecke.

1 Rotkehlchen
2 Igel

Wachtel

Wilde Hühner

Die Wachtel ist der kleinste europäische Hühnervogel. Mit ihrem braun-gelb gesprenkelten Gefieder ist sie in der Landschaft gut getarnt. Ein auf dem Boden lebender, aber auf Bäumen schlafender Hühnervogel ist der Fasan.

Heute hab ich auf dem Schulhof einen Marienkäfer mit sieben Punkten gefunden. Ich dachte immer, dass er deshalb sieben Jahre alt ist. Aber meine Lehrerin hat gesagt, das stimmt nicht. Er gehört zu den Siebenpunkt-Marienkäfern. Es gibt auch welche mit zwei Punkten und sogar 22 Punkten. So einen suche ich morgen!

Hecke
▶ Typische Pflanzen:
Heckenrose,
Schlehdorn,Haselnuss
▶ Merkmale:
besteht aus verzweigten
Sträuchern oder Büschen
▶ Besonderheiten:
dient als lebendiger Zaun

Fliegende Laternen

Anfang Juni blinken nachts in den Hecken unzählige Lichtpunkte. Die weiblichen Glühwürmchen locken mit ihrem strahlenden Hinterteil Männchen an. Haben sich die Leuchtkäfer gefunden, schalten sie ihr Licht aus und paaren sich. Die auffallenden Farben des Marienkäfers warnen Feinde: Ich schmecke nicht! Tatsächlich tritt bei Gefahr eine Flüssigkeit aus seinen Beinen, die widerlich riecht und Vögeln den Appetit verdirbt.

Das gelbgrüne Licht der Glühwürmchen ist, im Gegensatz zu Glühbirnen, kalt.

Nur der männliche Fasan hat ein farbenfrohes Gefieder, die Weibchen sind dagegen braun.

Du entscheidest selbst:
• Wie wird aus einem Ei ein Schmetterling? ➡ Seite 14/15
• Welcher Raubfisch hat eine Zahnbürste? ➡ Seite 54/55

Lies mal weiter!
Seite 24, 32, 68

Im Garten

Es gibt sie in vielen Formen: Kräuter-gärten, verwilderte Gärten, Gemüse-gärten … und immer sind sie ein ausgezeichneter Ort, um Spatzen, Bienen, Hummeln, Schmetterlinge und vieles mehr zu beobachten.

Geschickte Flieger

Fledermäuse haben zwar Flügel, sind aber keine Vögel. Zwischen ihren fünf langen Fingern und dem Körper ist eine Flughaut gespannt. Die kleinen Säugetiere mit den gro-ßen Ohren fliegen also nicht mit Flügeln, sondern mit ihren Händen. So geschickt wie diese Nachtflieger

Schwalben sind Wetterpropheten: Je tiefer sie fliegen, umso schlechter wird das Wetter.

schnappen auch Schwalben mitten im Flug Insekten. Mehlschwalben nisten an überdachten Außenwänden von Gebäuden. Sie bauen aus Lehm und Pflanzenfasern schüsselförmige Nester, die sie mit Federn und Hal-men weich auspolstern.

Fledermäuse stoßen im Flug für Menschen nicht hörbare Töne aus. Anhand der Echos erken-nen sie Hindernisse.

Eine Fledermaus verspeist in einer einzigen Nacht bis zu 5000 Mücken.

Schnecken graben ein Loch, um dort ihre Eier abzu-legen. Nach ein paar Wochen schlüpfen kleine Schnecken mit einem durchsich-tigen Haus.

Der freche und pfiffige Spatz lebt am liebsten in der Nähe von Menschen.

Für Platz in seinen Gängen sorgt der Maulwurf, indem er Erde nach draußen schiebt. So entstehen Maulwurfshügel.

Besondere Sinne

Kaum sichtbar und tief im Fell vergraben liegen die winzigen Augen des Maulwurfs. Für ein Leben in ständiger Dunkelheit unter der Erde muss er nicht gut sehen können. Dafür sind seine anderen Sinne erstaunlich scharf: Fühlen, Hören, Riechen. Verirrt sich ein Regenwurm in seinen Gang, flitzt der Maulwurf los und verzehrt ihn. Oder er betäubt die Beute und trägt sie in seine Speisekammer, für später.

Die Fußsohle der Schnecken

Schnecken bewegen sich gemächlich mit ihrer Kriechsohle fort. Schau ihr dabei zu: Setze eine Schnecke vorsichtig auf eine Glasscheibe. Mit einem Salatblatt kannst du sie aus ihrem Haus locken. Von unten erkennst du durch die Scheibe breite helle und schmale dunkle Streifen.
Die Streifen schiebt die Schnecke wie Wellen vorwärts. Probiere es selbst aus, indem du eine Papierwelle wie auf der Abbildung nach vorn drückst.

Garten
▶ Typische Pflanzen:
Blumen, Kräuter, Gräser
▶ Merkmale:
wird von Menschen angelegt und gepflegt
▶ Besonderheiten:
in vielen verschiedenen Formen, z.B. Steingarten, Obstgarten, Rosengarten

Nicht mehr als schwarze Punkte sind die Augen einer Weinbergschnecke. Sie sitzen auf den beiden längeren Fühlern und können nur wenige Zentimeter weit sehen. Darunter sitzen zwei kleinere, empfindliche Fühler, die bei der kleinsten Berührung zurückzucken.

Teste dein Wissen!

Wie heißt der Fuß einer Schnecke?

(Kriechsohle)

Lies mal weiter!
Seite 38, 50, 62

Im Wasser

Ob am Badesee, im reißenden Fluss, im Moor oder in den Feuchtgebieten Südamerikas – überall ist Süßwasser die Lebensgrundlage für Pflanzen und Tiere. Manche von ihnen gehen auf dem Boden unter Wasser spazieren, andere laufen auf der Wasseroberfläche oder bauen Burgen. Flinke Schwimmer haben Paddelfüße, und sogar ein Käfer kommt unter Wasser ganz gut voran.

Am See und unter Wasser

Am, im und auf dem See tummeln sich Tiere wie Blesshuhn und Haubentaucher und sogar eines aus Alaska: die Bisamratte. Seit sie nach Europa gebracht wurde, lebt sie ähnlich wie der Biber.

Die Fischer und ihre Beute

Der bunte Eisvogel sitzt still auf einem Ast. Hat er einen kleinen Fisch erspäht, stürzt er plötzlich nach unten und spießt ihn mit seinem Schnabel auf. Im flachen Wasser schreitet der Graureiher umher und sticht blitzschnell nach Fischen, Fröschen und Insekten. Mit ruhigen Flügelschlägen kreist der Fischadler über dem See. Die Krallen voran, stürzt er hinab, um nach Karpfen und Hechten zu tauchen.

Laufen, fliegen, schwimmen

Die meiste Zeit schwimmt der Gelbrandkäfer und jagt Insektenlarven. Dabei dienen seine haarigen Hinterbeine als Paddel und die Flügel als Luftvorratskammer. Der Käfer mit dem gelben Saum kann aber auch sehr gut fliegen.

Auf dem Wasser laufen und bis zu 40 Zentimeter weit springen kann eine federleichte Wanze: der Wasserläufer.

Der See ist Heimat für viele Tiere. Die meisten haben ölige Haare oder Federn, um trocken zu bleiben.

Eisvogel

Fischadler

Graureiher

Haubentaucher

Krickente

Wasserläufer

Blesshuhn

Bisamratte

Wasserfrosch

Hecht

Karpfen

Gelbrandkäfer

Tiertöne

„Krrik", der Balzruf der kleinsten deutschen Ente, gab ihr den Namen Krickente. Das Männchen, der Erpel, hat während der Brutzeit bunte Federn. Das Weibchen ist dagegen das ganze Jahr über unauffällig braun.

Damit Wasserfrösche quaken können, müssen sie tief einatmen. Dann schließen sie ihre Nasenlöcher und lassen die Stimmbänder erbeben.

Du entscheidest selbst:
• Wie sieht eine Biberburg aus? ➡ Seite 26/27
• Was ist das besondere am Anglerfisch? ➡ Seite 56/57

Noch in 2000 Meter Höhe erkennt der Seeadler eine Maus am Boden!

See
▶ Typische Pflanzen: Weide, Seerose, Laichkraut
▶ Merkmale: ist vollständig von Land umgeben, enthält Süßwasser
▶ Besonderheiten: dient als Trinkwasserquelle

Die Entwicklung der Frösche:

Februar

Frösche legen ihre Eier, den Laich, im Wasser ab.

März

Es schlüpfen Kaulquappen, die wie Fische mit Kiemen atmen.

April

Die Beine wachsen, die Lungen entwickeln sich.

Mai

Nach drei Monaten verlässt der junge Frosch das Wasser.

Juni

Bis zu 20 Sekunden lang bleibt der Haubentaucher unter Wasser, wo er kleine Fische fängt.

Lies mal weiter!
Seite 28, 50, 56

In Sumpf und Moor

Für viele ist ein Sumpf das Gleiche wie ein Moor. In Sümpfen jedoch werden abgestorbene Pflanzen abgebaut, während Moore langsam verlanden und zu Torf werden. In beiden Bereichen finden Tiere einen Lebensraum.

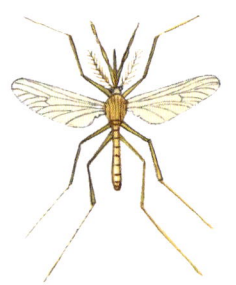

Nur die weiblichen Mücken haben einen Stechrüssel, mit dem sie Blut von Menschen und Tieren saugen.

Sumpf und Moor
- ▶ Typische Pflanzen: Rohrkolben (Sumpf), Torfmoos (Moor)
- ▶ Merkmale: Sumpf: Feuchtgebiet Moor: besteht aus im Wasser verrottenden Pflanzen
- ▶ Besonderheiten: Moor entsteht oft aus Sumpf

Klapperstorch und Tanzkranich

Zur Begrüßung und während der Partnerwahl klappern Störche laut mit den Schnäbeln. Dazu lehnen sie den Kopf weit zurück, sodass er fast auf ihrem Rücken liegt. Der Schnabel des Kranichs ist genauso lang wie sein Kopf. Beim Paarungstanz hält er ihn hoch aufgerichtet, dazu schlägt er mit den Flügeln und hüpft um das Weibchen herum.

Der Sumpf ist ein unersetzlicher Überlebensraum für zahlreiche Tier- und Pflanzenarten.

Libellen haben zwei unabhängig voneinander bewegliche Flügelpaare und sind dadurch wendiger als ein Hubschrauber.

Im Schilf versteckt

Bei Gefahr macht die Rohrdommel ihren Körper lang und stellt den Schnabel steil nach oben. So bleibt sie unentdeckt.
Die Schermaus ist die größte einheimische Wühlmaus und wird auch Wasserratte genannt.

Rohrdommel

Kranich

Storch

Schermaus

Als Übergang zwischen Festland und Wasser sind Moore ein ungewöhnlicher Lebensraum für einzigartige Tiere.

Birkhahn

Pfuhlschnepfe

Kreuz-
otter

Moorfrosch

Teste dein Wissen!

Wie wird die Schermaus noch genannt?

(Wasserratte)

Moorbewohner

Zeitig im Frühjahr, gleich in der Morgendämmerung, beginnt der Birkhahn mit der Balz: Er schlägt mit den Flügeln gegen die Beine, tanzt und gurgelt merkwürdige Geräusche dazu.

Davon unbeeindruckt bleibt die Pfuhlschnepfe. Mit ihrer feinfühligen Schnabelspitze stochert sie weiter nach Würmern und kleinen Krebsen.

Mann in Moor von Schlange gebissen

Am Mittwochmorgen ging im Krankenhaus der Notruf eines Mannes ein: Er sei beim Spaziergang im Moor von einer Schlange gebissen worden und befürchte nun, sie könnte giftig gewesen sein. Nachdem er das Tier beschrieben hatte, konnte der Anrufer beruhigt werden. Es handelte sich um eine harmlose Ringelnatter, leicht zu erkennen an den runden Pupillen und den beiden Halbmonden am Hinterkopf. Vermutlich wurde die scheue Schlange durch den Mann in die Enge getrieben. Denn normalerweise macht sich Mitteleuropas häufigste Schlange davon, ehe sie noch entdeckt wurde.

Ringelnatter

Vorsicht – giftig!

Das Gift aus den Zähnen der Kreuzotter lähmt ihre Beute – Mäuse, Hamster und Moorfrösche – und lässt sie kurz danach sterben. Ihren Namen trägt die Schlange wegen des dunklen Zickzack-Musters auf dem Rücken.

Lies mal weiter!
Seite 28, 36, 50

Im und am Fluss

Fluss
▶ Typische Pflanzen:
Pfaffenhütchen,
Brunnenkresse,
Quellmoos
▶ Merkmale:
ist ein Fließ-
gewässer,
enthält Süßwasser
▶ Besonderheiten:
von der Quelle bis
zur Mündung je
nach Umgebung
verschiedene
Lebensräume

1 Flussuferläufer
2 Schmerle
3 Aal
4 Bachforelle
5 Fischotter
6 Flusskrebs
7 Groppe
8 Köcherfliegenlarven
9 Flussperlmuschel
10 Wasserspitzmaus
11 Feuersalamander
12 Lachs
13 Wasseramsel
14 Pirol
15 Nachtigall

Flüsse sind Lebensraum für die unterschiedlichsten Tiere. Allerdings muss das Wasser von ausreichend guter Qualität sein. Die Köcherfliegenlarven zum Beispiel prüfen die Sauberkeit des Wassers, und wenn es zu schmutzig ist, kann man sie dort nicht antreffen.

Eleganter Schwimmer

Eng angelegte Vorderpfoten, paddelnde Hinterbeine und einen Schwanz als Ruder – so bewegt sich der Fischotter unter Wasser vorwärts. Die Tasthaare an seiner Schnauze nehmen Hindernisse und Beute wahr: Aal, Bachforelle, Groppe, Lachs, Schmerle, Flusskrebs und Wasserspitzmaus.

Ein Fluss bietet im Wasser und an seinen Ufern Lebensbedingungen für viele Tierarten.

Futter im Überfluss

Über der Wasseroberfläche und direkt darunter wimmelt es nur so von Insekten und ihren Larven – ein Paradies für Insektenfresser. Wenn der Flussuferläufer auf Futtersuche ist, fliegt er niedrig über dem Wasser und taucht hinein. Auch der zitronengelbe Pirol fängt Insekten. Sein Lebensraum sind die Bäume der Auwälder. Man beobachtet ihn aber selten.

Der Feuersalamander braucht den Fluss nur für die Fortpflanzung, denn sein Nachwuchs wächst im Wasser auf, bevor er an Land geht. Hier versteckt er sich unter Steinen und in Erdhöhlen. Droht trotzdem Gefahr, spritzt der Salamander eine weiße, giftige Flüssigkeit aus Drüsen hinter den Ohren. Damit schlägt er jeden Feind in die Flucht.

Beim Tauchen verschließt der Biber Nase und Ohren. So kann er bis zu 20 Minuten unter Wasser bleiben.

Die Flussperlmuschel pumpt beim Atmen Wasser durch ihren Körper. Dabei filtert sie winzige Algen heraus. Sie kann bis zu 100 Jahre alt werden.

Unterwasserspaziergang

Auf dem Grund des Flusses auf Fang zu gehen – dazu ist nur ein einziger Singvogel fähig: die Wasseramsel. Sie pickt in den Steinchen nach Flohkrebsen und Wasserinsekten. Ein anderer Singvogel, die schlicht aussehende Nachtigall, hat durch ihren wunderschönen Gesang Berühmtheit erlangt.

Für ihre Burgen und Staudämme fällen Biber ganze Bäume. Inmitten des aufgestauten Wassers lebt ihr Nachwuchs völlig sicher.

Du entscheidest selbst:
- *Gibt es eigentlich auch wilde Hühner?*
  ➡ *Seite 16/17*
- *Atmen Delfine unter Wasser?*
  ➡ *Seite 52/53*

Hallo, Sarah,
heute habe ich mein Fernglas ausprobiert. Und weißt du, was ich gesehen habe?
Da saß ein Feuersalamander in der Sonne. Von hinten schlich sich ein Fuchs an. Der Salamander hat das aber gemerkt. Auf einmal kam eine Flüssigkeit aus seinem Rücken und hinter den Ohren vorgespritzt. Ich glaube, das war Gift. Der Fuchs ist nämlich gleich weggerannt. Vielleicht finde ich morgen mehr dazu raus!
Lukas

Sarah Kammerer
Alte Gasse 15
40472 Düsseldorf

Lies mal weiter!
Seite 22, 54, 62

Feuchtgebiete Südamerikas

Über ganz Südamerika erstrecken sich Feuchtgebiete – an Flüssen quer durch den Regenwald. Das Leben dort wird vom Wechsel zwischen Regen- und Trockenzeit bestimmt.

Jaguar gegen Kaiman

Der Jaguar kann selbst Tiere so groß wie ein Pferd allein an eine ruhige Futterstelle schleifen. Nicht einmal vor Kaimanen schreckt er zurück. Diese Krokodile liegen nahezu unsichtbar im Wasser – nur Augen,

Ohren und Nasenlöcher ragen heraus. Lautlos gleiten sie aus dieser Lauerstellung an ihre ahnungslose Beute heran und schnappen mit ihren kegelförmigen Zähnen zu.

Federleichter Riesenschnabel

Trotz seiner Größe ist der prächtig gefärbte Schnabel des Tukans sehr leicht. Er besteht aus einem wabenähnlichen Gewebe, umgeben von einer Hornschicht.

Die Feuchtgebiete sind ein Paradies für über 1000 Tierarten, wie z.B. für den Jaguar oder den Kaiman.

Früchte sind das Leibgericht des zutraulichen Tukans.

Heute sind wir mit dem Boot durch den Urwald gefahren. Auf einmal kam ein Krokodil auf uns zu! Im Maul hatte es lauter kleine Krokodile, so groß wie Papas Hand! Das Krokodil war die Mutter, die ihre frisch geschlüpften Babys ins Wasser gebracht hat.

Teste dein Wissen!
Was frisst der Tukan am liebsten?

(Früchte)

Gefräßige Räuber

Als gefährliche „Fressmaschinen" gelten Piranhas. Diese fleischfressenden Fische können mit ihren messerscharfen Zähnen ganze Stücke aus ihrer Beute herausschneiden. Menschen und große Tiere greifen sie aber nicht an.

Die Große Anakonda kann etwa neun Meter lang werden. Das macht sie zur größten Würgeschlange der Welt. Die Riesenschlange tötet sogar Schildkröten durch Erdrücken. Dabei wird das Blut abgeschnürt, sodass das Beutetier innerhalb weniger Sekunden das Bewusstsein verliert und verspeist werden kann.

Feuchtgebiete, Südamerika

▶ Typische Pflanzen:
Palmen, Bromelien, Riesenseerose
▶ Merkmale:
im tropischen Regenwald in Fluss- oder Sumpfnähe gelegen, enthält Süßwasser
▶ Besonderheiten:
von Juli bis Oktober ist Trockenzeit

Schneller als jeder Boxer ist die Anakonda, wenn sie zuschlägt: sechs Meter pro Sekunde.

Kaum zu glauben

Piranhas verhindern die Ausbreitung von Krankheiten. Sie fressen nämlich auch kranke und tote Tiere.

Lies mal weiter!
Seite 36, 56, 64

Im Wald

Es gibt die unterschiedlichsten Wälder auf der Erde, und jeder beherbergt eine besondere, einzigartige Tierwelt. In unseren Wäldern lebt der Wanderfalke, der es an Geschwindigkeit mit einem ICE aufnehmen kann. Eine Fülle außergewöhnlicher Tiere lebt im tropischen Regenwald. Zum Beispiel der Philippinengleitflieger, der beim Sprung seine Hautklappen ausbreitet, oder das Faultier, das so träge ist, dass ihm Algen im Fell wachsen. Es gibt Tiere mit kurzen und langen Rüsseln und hakenartigen Krallen an den Zehen. Und manche Affen müssen erst einmal ihre lange Nase beiseiteschieben, bevor sie etwas essen können.

Am Waldrand

Hummel

Das Leben am Wald-
rand bringt Wildtieren
mehrere Vorteile zu-
gleich: Rückzugsmög-
lichkeiten für den
Notfall, ausreichend
Futter und Licht für
das Wohlbefinden.

Kaum zu glauben

Ist das Kuckucks-Küken
geschlüpft, wirft es
sofort die restlichen
Eier oder Jungen aus
dem Nest.

Eiertarnung

Das Kuckuck-Weibchen legt unterschiedlich aussehende Eier – angepasst an die Färbung der Eier im
Nest des unfreiwilligen Gastgebers.
Viele ausgetrickste Vögel bemerken
trotzdem den Unterschied.

Scheuer Insektenfresser

Der Dachs ist für ein Leben unter der
Erde gut geeignet: Mit der langen
Schnauze wühlt er die Erde auf, die
Vorderbeine haben starke Krallen
zum Tunnelgraben. Er frisst alles,
was sich anbietet: verschiedene
Früchte, Insekten und am liebsten
Regenwürmer.
Wird die Smaragdeidechse von
einem Marder oder Greifvogel am
Schwanz gepackt, kann sie dies
überleben. Sie wirft einfach ihren
Schwanz ab und flieht. Zum Glück
wächst er aber wieder nach.

Waldrand
▶ Typische Pflanzen:
  Klee, Farne,
  Holunder
▶ Merkmale:
  an den Wald an-
  grenzendes Gebiet
▶ Besonderheiten:
  von vielen Tieren
  bevorzugt, weil
  Licht und Schutz
  gleichzeitig vor
  handen sind

**Fuchs und Wanderfalke
nutzen wie viele andere
Tiere die Vorteile des
Lebens am Waldrand.**

Ein steiniges Zuhause

Willst du Eidechsen in Ruhe beobachten, lege ihnen einfach ein Zuhause an. Suche für die wärmebedürftigen Tiere ein besonders sonniges Fleckchen.

Dort entfernst du alle Pflanzen vom Boden und verteilst stattdessen Kies darüber. So kann später das Regenwasser ungehindert ablaufen. Nun stapelst du große Steine aufeinander.

Die Lücken füllst du mit Sand und kleineren Steinen – ein prima Versteck! Ist dein Eidechsenhügel stabil, musst du nur noch warten, bis die Gäste kommen.

Die Körpertemperatur der Smaragdeidechse hängt von der Umgebung ab. Also wärmt sie sich in der Sonne auf.

Du entscheidest selbst:
- Wie entsteht Honig?
  ➡ Seite 12/13
- Wie wehrt sich der Feuersalamander gegen Feinde?
  ➡ Seite 26/27

Dachse wohnen mit Artgenossen und manchmal sogar mit Füchsen gemeinsam in einem Bau.

Sportliche Leistungen

Bis zu fünf Meter weit und zwei Meter hoch springt ein Rotfuchs, wenn es sein muss. Seine Höchstgeschwindigkeit beträgt 50 Kilometer in der Stunde. Falls er sich verstecken muss: Sein sportlicher Körper passt in jedes noch so kleine Erdloch.

Der Wanderfalke erreicht im Sturzflug eine Spitzengeschwindigkeit von über 300 Kilometer in der Stunde. Er schlägt im Flug Singvögel – während der Brutzeit auch gemeinsam mit dem Partner.

Lies mal weiter!
Seite 14, 50, 68

Im Wald

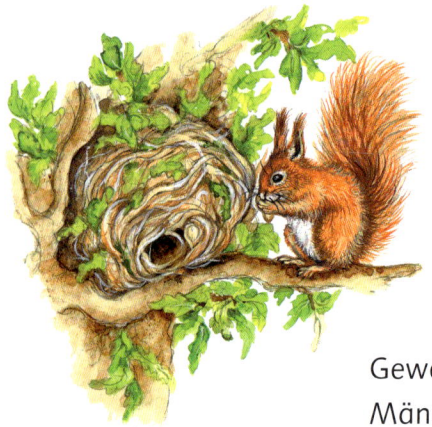

Das kugelrunde Nest des Eichhörnchens heißt Kobel.

Überall im Wald finden die verschiedenen Tiere ihren eigenen Lebensraum: auf Bäumen, in Sträuchern und am Boden. Als Könige der Wälder werden Rot- und Damhirsche bezeichnet. Ein gewaltiges Geweih schmückt die Stirn der Männchen. Mit ihm schüchtern sie in der Paarungszeit Mitbewerber ein und verteidigen ihr Gebiet.

Teste dein Wissen!
Welches Waldtier kann den Kopf verdrehen?
(Waldkauz)

Nachtsicht

Ohne die Maus oder das Eichhörnchen vorher gesehen zu haben, springt der Baummarder zielgenau auf seine Beute zu. Der Nachtjäger riecht, wo sich das nächste Opfer befindet.

Die Augen des Waldkauzes blicken immer gerade nach vorn. Um seine Umgebung trotzdem gut beobachten zu können, kann er seinen Kopf rundum drehen.

Wintervorrat

Bis zu zehn Eicheln gleichzeitig kann der Eichelhäher in seinem Kehlsack tragen, eine weitere steckt meist noch im Schnabel. Wie das Eichhörnchen vergräbt er sie als Wintervorrat im Boden. Der Waschbär dagegen frisst sich wärmendes Fett an und geht auch im Winter auf Jagd nach Ratten und Mäusen.

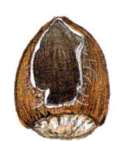

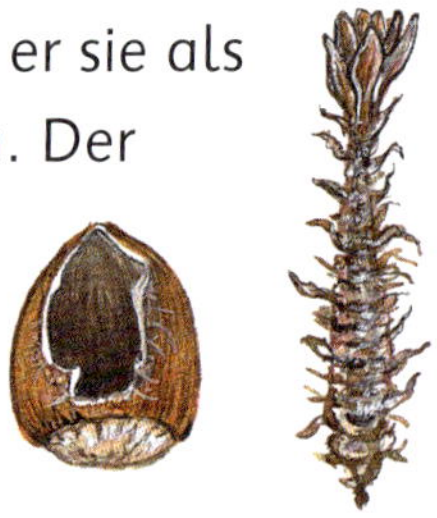

So sehen Fraßspuren von Eichhörnchen aus.

Die meisten Waldbewohner sind sehr scheu und deshalb nur selten zu beobachten.

1 Waldkauz
2 Baummarder
3 Eichelhäher
4 Damhirsch
5 Wildschwein
6 Waschbär
7 Rothirsch
8 Buntspecht

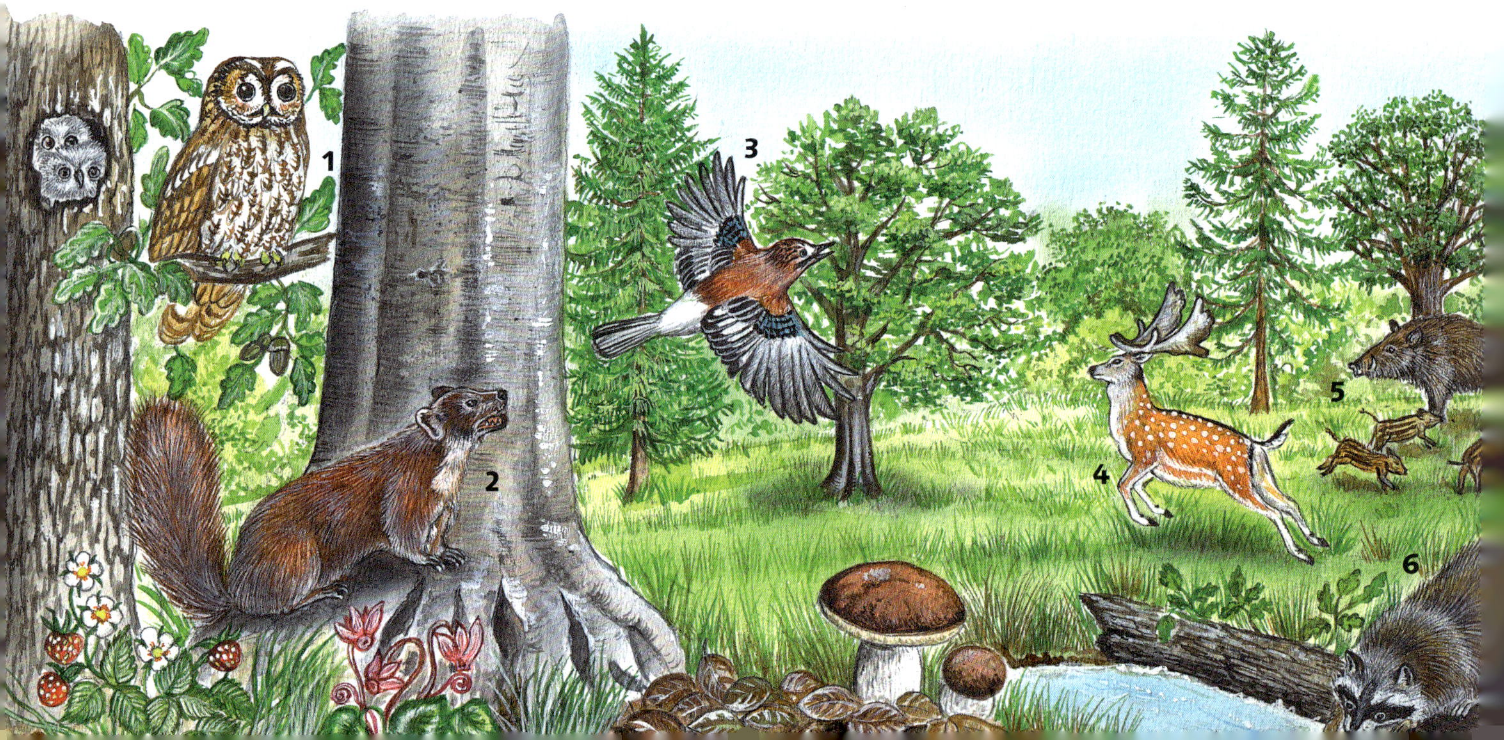

Kammern und Gänge durchziehen einen Ameisenbau. Eine dicke Schicht Tannennadeln hält die Nässe ab.

Der Buchdrucker ist ein rindefressender Käfer, der seine Spuren besonders häufig an Fichten hinterlässt.

Spitze Werkzeuge

Trommelwirbel schallen durch den Wald, wenn der Buntspecht ein Weibchen anlocken möchte. Mit seinem Schnabel hämmert er bevorzugt auf besonders harte Bäume, wie Buchen und Eichen. Denn darin entsteht seine meist 30 bis 40 Zentimeter tiefe Bruthöhle.

Messerscharfe Eckzähne ragen beim Keiler – dem männlichen Wildschwein – aus dem Maul heraus. Sie sollen die Weibchen, also die Bachen, beeindrucken und mögliche Konkurrenten abschrecken.

Neuer Weltrekord aufgestellt

Der tierische Weltrekord im Gewichtheben ist gebrochen! Neuer Titelinhaber ist der nur fünf Zentimeter kleine Nashornkäfer. Er kann das bis zu 850-fache seines eigenen Körpergewichts anheben. Lange Zeit galt die Ameise als Rekordhalter. Im Vergleich erscheint ihre Leistung verschwindend gering: das 30-fache des eigenen Gewichts. Der stärkste Mensch kann aber nicht einmal einen fünfmal schwereren Gegenstand anheben.

Wald

► Typische Pflanzen: Pilze, Waldbeeren, Laub- und Nadelbäume
► Merkmale: große Fläche, auf der Bäume wachsen
► Besonderheiten: Holz wird wirtschaftlich genutzt

Lies mal weiter!
Seite 38, 42, 72

Im tropischen Regenwald

Tropischer Regenwald
▶ Typische Pflanzen: Mahagonigewächse, Lianen, Orchideen
▶ Merkmale: ist das ganze Jahr grün, viel Regen und sommerliche Temperaturen
▶ Besonderheiten: hat ein dichtes Blätterdach in 30 bis 50 m Höhe

Über die Hälfte aller Tier- und Pflanzenarten der Erde kommen nur im tropischen Regenwald vor. In diesem fruchtbaren Pflanzendickicht finden der Blauwangenlori, der Gelbhaubenkakadu und der Schildhornvogel immer genug Früchte, um ihren Hunger zu stillen.

Kurze Rüssel

Wie unter einer Tarnkappe verschwindet der Schabrackentapir nachts mit seinem im Mondlicht verschwimmenden Fellmuster. Sein kräftiger Rüssel greift ständig nach Früchten und Blättern, um sie gleich darauf ins Maul zu schieben.

Gleiten und Segeln

Mit flügelartigen Hautlappen zwischen den Vorder- und Hinterbeinen gleitet der Flugdrache wie ein Segelflugzeug fast 100 Meter durch den Regenwald. Der Flugfrosch verwandelt beim Absprung seine Schwimmhäute in Fallschirme.

Der etwa katzengroße Philippinengleitflieger kann bis zu 100 Meter weit von Baum zu Baum schweben.

Wipfelzone 65 m

Laubdach 45 m

Mittelschicht 20 m

Unterholz 5 m

Täglich sterben hier über 50 Arten aus.

1 Blauwangenlori
2 Gelbhaubenkakadu
3 Schildhornvogel
4 Nasenaffe
5 Orang-Utan
6 Philippinengleitflieger
7 Flugdrache
8 Flugfrosch
9 Schuppentier
10 Schabrackentapir
11 Schnabeligel

Lange Arme, dicke Nasen

Die Arme des Orang-Utans sind fast genauso lang wie sein ganzer Körper. In den Baumwipfeln hangelt er mit ihnen von Ast zu Ast, auf dem Boden benützt er sie wie Krücken, mit denen er seinen Körper schwingt. Der männliche Nasenaffe hat eine außergewöhnlich lange, gurkenförmige Nase. Wenn er laute, schreiende Rufe ausstößt, richtet sie sich auf.

In Zeitlupe bewegt sich das Faultier vorwärts. Es schläft bis zu 20 Stunden am Tag.

Zahnlose Panzerträger

Statt Fell wachsen dem Schuppentier Hornplatten. Mit seiner langen Zunge sammelt es Ameisen und Termiten. Sie landen unzerkaut im Magen und werden dort zermahlen. Der Schnabeligel zerdrückt am Gaumen Insekten zu Brei und schluckt sie dann hinunter.

Der Kolibri ist ein Flugkünstler: Er kann vorwärts, seitwärts und auf der Stelle fliegen.

Du entscheidest selbst:
- Wie findet sich die Fledermaus im Flug zurecht?
➡ Seite 18/19
- Warum sind manche Tiere gut getarnt? ➡ Seite 44/45

Hallo Lukas!

Wir sind endlich in unserer Regenwaldhütte angekommen! Die Affen machen nachts so viel Lärm, ich konnte kaum schlafen. Ich würde so gern einen Orang-Utan sehen. Unser Führer sagt, dass sie sehr scheu sind. Jede Nacht bauen sie sich ein neues Schlafnest in den Bäumen. Dazu verflechten sie ein paar Zweige.
Bis bald, viele Grüße
Sarah

Lukas Meier
Weberstr. 121
10719 Berlin

Lies mal weiter!
Seite 28, 54, 70

Im Dschungel

„Kragen"

Mit 5,50 Metern ist die Königskobra die längste Giftschlange. Sie ist so dick wie der Oberarm eines Erwachsenen.

Die tropischen Wälder und Sumpfdickichte Indiens werden Dschungel genannt. In ihm gedeihen Pflanzen fast so üppig wie im tropischen Regenwald. Und entsprechend bunt und zahlreich ist die Tierwelt.

Tag und Nacht auf Jagd

Das Gift der Königskobra kann sogar einen Elefanten töten. Sie richtet sich fast mannshoch auf, bläht ihren „Kragen" auf und stößt dann zu. Aggressiv ist sie aber nur, wenn sie ihr Gelege bewacht. Nachts jagt sie Nagetiere und andere Schlangen, deren Gift ihr nichts anhaben kann. Tagsüber stellt der Tiger Büffeln und Hirschen nach. Mit

seinem gestreiften Fell ist er im hohen Gras gut getarnt. Er pirscht sich nahe heran, vor allem an Wasserstellen, und überrascht seine Beute mit einem gezielten Sprung. Ist er satt, döst er vor sich hin oder nimmt ein kühlendes Bad im Wasser.

Verwandlungskünstler

Ein Chamäleon kann sich buchstäblich schwarzärgern. Seine Farbe wechselt nämlich je nach Stimmung. Fühlt es sich wohl, führt es knalligere Farben vor. Erstaunlich sind auch seine beiden Augen: Sie können unabhängig voneinander in verschiedene Richtungen blicken, teilweise kilometerweit.

An das Leben im Dschungel ist das Chamäleon perfekt angepasst: seine grüne Haut sieht den Blättern täuschend ähnlich.

Dschungel
▶ Typische Pflanzen: Teakbaum, Riesenfarne, Bambus
▶ Merkmale: ist der Urwald asiatischer Länder
▶ Besonderheiten: Trockenzeit von vier bis fünf Monaten

Die Tigerjungen bleiben über zwei Jahre bei ihrer Mutter. Schon nach einem halben Jahr gehen sie mit auf die Jagd.

Interview mit Dr. Wolff

Dr. Wolff, kann der Afrikanische Elefant mit seinen größeren Ohren besser hören als ein Asiatischer Elefant?

Ein sehr interessante Frage, die ich eindeutig mit „Nein" beantworten kann.

Warum sind sie dann unterschiedlich groß?

Der Wald, in dem der Asiatische Elefant lebt, ist nicht so heiß wie die Savanne des Afrikaners.

Muss der Afrikanische Elefant sich also mehr Luft zuwedeln? Nicht unbedingt. Du musst wissen: Elefanten können nicht schwitzen! Mit dem Ohrenwackeln wird überschüssige Wärme aus dem Blut abgegeben. Durch seine Ohren fließen nämlich 14 Liter Blut in der Minute.

Es ist immer ein Vergnügen, Ihnen zuzuhören, Dr. Wolff. Danke!

Der Große Panda ist stark bedroht, weil die Bambuswälder immer mehr abgeholzt werden.

Vegetarier

Bei seiner Geburt ist der Große Panda nicht größer als ein Hamster. In den ersten fünf Monaten wird er mit Muttermilch ernährt. Danach frisst er ausschließlich Bambusblätter und -stängel. Der Panda ist der einzige vegetarische Bär. Etwas abwechslungsreicher ist die Kost des Asiatischen Elefanten: Gras, Blätter und Früchte, die er mit seinem Rüssel abrupft. Hat er Durst, saugt er Wasser in seinen Rüssel und spritzt es ins Maul.

Der Asiatische Elefant ist kleiner als sein afrikanischer Bruder.

Teste dein Wissen!

Wann jagt die Königskobra?

(Nachts)

Lies mal weiter!
Seite 16, 34, 46

Im Gebirge

Echte Überlebenskünstler gibt es in den unglaublichen Höhen des Himalajas bis hin zu den viel niedrigeren deutschen Mittelgebirgen. Diese Tiere müssen sich an eine raue Umgebung anpassen: Schnee und Gletscher, dichte Wälder und steile, harte Felsen. Die geübten Kletterer können sich meisterlich tarnen und mit wenig Nahrung auskommen. Zum Schutz vor der Kälte haben einige von ihnen gepolsterte Tatzen oder einen buschigen Schwanz, mit dem sie sich zudecken.

Im Mittelgebirge

Mittelgebirge
- ▶ Typische Pflanzen: Buche, Preiselbeere, Pilze
- ▶ Merkmale: liegt etwa zwischen 500 und 1500 m hoch, meist stark bewaldet
- ▶ Besonderheiten: ist „Grüne Lunge" Deutschlands

Die bewaldeten Gipfel und hoch gelegenen Wiesen der Mittelgebirge sind von vielen verschiedenen Tieren bewohnt: Große Raubtiere als auch kleine Insekten teilen sich diesen Lebensraum.

In den Baumwipfeln

Mit Beute in den Klauen fliegt der Uhu durch die Nacht. Schreiend warten seine Küken im Nest auf Nahrung. Habichtpaare bauen ihren Nistplatz am liebsten in alte Bäume. Einige haben sich aber auch in die Großstadt vorgewagt.
Kolkraben leben immer als Paar zusammen. Gemeinsam versorgen sie auch ihre Jungen mit Mais, Samen oder Eiern.

Im Unterholz

Der Siebenschläfer ist nachts auf den Bäumen und darunter unterwegs, um Pilze, Rinde und Kastanien zu futtern. Er hält viele Monate lang Winterschlaf – daher sein Name. Wisentkühe streifen mit ihren Kälbern durch den dichten Wald. Die Wildrinder wurden in Europa bis auf 57 Zootiere ausgerottet. Heute sind vor allem in Osteuropa wieder frei lebende Wisente heimisch.

Der Uhu würgt unverdauliche Haare, Knochen und Federn seiner Beute als Gewölle wieder heraus.

In den Wäldern der Mittelgebirge finden Tiere Nahrung und sind vor Feinden und Kälte geschützt.

Kolkrabe

Habicht

Wisent

Luchs

Siebenschläfer

Tierisches Schleckermaul

Nachdem im Erzgebirge mehrere Bienenstöcke aufgebrochen wurden, kennt die Polizei nun den Täter: Ein Braunbär, Bodo genannt, hat sich über den süßen Bienensaft hergemacht. Vermutlich ist das Tier aus Osteuropa nach Deutschland eingewandert.

„Bären sind Allesfresser", erklärt die Zoologin Dr. Wolff. „Aber viele Tiere mögen Süßes besonders gern. Dafür nehmen sie lange Wanderungen in Kauf und plündern alle Bienenstöcke, die sie finden." Die Imker der Region sind gelassen: „Wir müssen die Natur einfach so nehmen, wie sie ist!"

Ihr Netz spinnt die Kreuzspinne regelmäßig neu mit klebrigen Fangfäden und stabilen Haltefäden.

Große und kleine Raubtiere

In der Dämmerung streift der Braunbär gemächlich durch den Wald. Wenn er etwas wittert, stellt er sich auf die Hinterbeine für einen besseren Überblick. Den Luchs mit seinem gefleckten Fell kann er dabei kaum entdecken. Lautlos schleicht dieser sich an ein Reh heran. Fast unsichtbar ist das Netz der Kreuzspinne. Verfängt sich ein kleines Insekt in den klebrigen Fäden, stürzt sich die Spinne auf den Fang und lähmt ihn mit einem giftigen Biss.

In Deutschland leben keine wilden Braunbären. Aber es gibt noch einige in den italienischen Apenninen.

Du entscheidest selbst:
- Wie vertreiben Flusspferde ihre Rivalen?
  ➡ Seite 60/61
- Welche Farbe hat das Fell des Eisbären?
  ➡ Seite 70/71

Der Luchs hört so gut, dass er das Rascheln einer Maus an einem Wasserfall in weiter Ferne bemerkt!

Lies mal weiter!
Seite 12, 38, 52

Im Hochgebirge

Hochgebirge
▶ Typische Pflanzen: Fichte, Alpenrose, Moose und Flechten
▶ Merkmale: liegt über 1500 m, gibt es überall auf der Welt
▶ Besonderheiten: Gipfel ganzjährig von Schnee bedeckt

Im Hochgebirge leben Tiere, die mühelos mit steilen Abhängen und bitterer Kälte zurechtkommen.

Schnee, Kälte und steile Abhänge machen den Tieren im Hochgebirge nichts aus.

Kletterkünstler

Mufflons, Steinböcke und Gämsen sind geschickte Kletterer, die mühelos über steile Hänge jagen. Sie haben kräftige Beine mit elastischen, aber harten Hufen.

Gämsen nehmen Reißaus, wenn sie den Warnpfiff eines Murmeltiers hören. Im Winter finden sie in den Bergen nur schwer Nahrung. Dann wagen sie sich weiter hinunter ins Tal und fressen Heu.

Flugexperten

Halb kletternd, halb fliegend pickt der Mauerläufer Insekten aus den Spalten der Felswände. Ganz ähnlich ernährt sich auch die Alpenkrähe. Aus luftiger Höhe geht die Alpendohle auf Jagd nach Alpensalamandern. Weniger gut fliegen können das Stein- und das Auerhuhn.

Viele Tiere der Lüfte wie der aasfressende Gänsegeier, der Bartgeier und auch der Alpenapollo – ein weißer Schmetterling mit roten Flecken – sind in den Alpen vom Aussterben bedroht.

Auerhahn · Bartgeier · Gämse · Alpenkrähe · Mauerläufer · Alpensteinbock · Mufflon · Alpenapollo · Steinhuhn · Murmeltier · Alpensalamander

Hi, Sarah,

heute waren wir wandern in den Alpen. Auf einem hohen Felsen haben wir das Nest eines Steinadlers gesehen. Er kreiste hoch oben in der Luft und schaute nach Murmeltieren. Später stürzte er dann blitzschnell hinunter. Wir konnten aber nicht sehen, ob er Beute gefangen hatte.

Bis bald, Lukas

Murmeltiere behalten ständig den Himmel im Blick, denn Greifvögel sind ihre gefährlichsten Feinde.

Bartgeier

Stein-adler

Alpen-dohle

Hermelin

Alpenschneehuhn   Schneehase

Perfekt getarnt

Das Schneehuhn hat im Winter ein strahlend weißes Gefieder. Im Frühling bekommt es graue, braune und schwarze Flecken. So ist es immer an seine Umgebung – Eis im Winter und Felsen im Sommer – angepasst. Auch Schneehase und Hermelin wechseln je nach Jahreszeit die Fellfarbe, um sich vor Feinden zu tarnen.

Du entscheidest selbst:
• Gibt es Lebewesen in der Tiefsee?
➡ Seite 56/57
• Wie schützen sich die Tiere vor der Kälte?
➡ Seite 70/71

Kaum zu glauben

Im Gletschereis lebt ein Insekt: der nur zwei Millimeter kleine Gletscherfloh.

Lies mal weiter!
Seite 26, 50, 72

Im Himalaja

In den Höhen des Himalajas fällt es Menschen schwer zu atmen. Trotzdem sind so weit oben noch Tiere anzutreffen. Sie haben sich daran gewöhnt, in der dünnen, kalten Luft zu überleben.

Gipfelstürmer

Der Schneeleopard lebt in Höhenlagen von bis zu 6000 Meter. Seine Tatzen sind gegen die Kälte an den Sohlen mit Fell gepolstert. Im Winter folgt er seinen Beutetieren in den Waldgürtel bis hinunter in 2000 Meter Höhe.

Fast genauso hoch, bis in etwa 4000 Meter Höhe, lebt ein Affe: der Hanuman-Langur. Er springt manchmal mit einem Zehn-Meter-Sprung vom Boden auf einen Baum.

Europäer im Himalaja

Der auch in Deutschland lebende Steinmarder ist so anpassungsfähig, dass er bis in den Himalaja vorgedrungen ist. Mit gewandten Kletterkünsten und hochempfindlichen Tasthaaren ist er bestens für das Leben in den höchsten Bergen der Welt ausgestattet. Größer als das bei uns heimische ist das Sibirische Reh.

Sein dichtes Fell wärmt den Kleinen Panda in den kalten Bergregionen.

Teste dein Wissen!

Welches Tier lebt in bis zu 6000 Meter Höhe?

(Schneeleopard)

Schneeleopard

Sibirisches Reh

Hanuman-Langur

Hanuman-Langur

Schneeleopard

Steinmarder

Interview mit Dr. Wolff

Dr. Wolff, haben Sie auf Ihrer Himalaja-Reise auch einen Schneeleoparden gesehen?

Leider ist mir dieser – sicher ganz großartige – Anblick verwehrt geblieben. Wie so vielen anderen auch.

Was meinen Sie damit?

Diese Hochgebirgskatzen sind nicht nur sehr scheu, sondern auch extrem selten. Sie werden gejagt, weil ihr dickes, prächtig ge- mustertes Fell auf dem Schwarz- markt Höchstpreise bringt. Selbst lebende Tiere werden illegal als exotische Haustiere verkauft.

Kann gar nichts zu ihrer Rettung getan werden?

Doch, doch, da sind die Kollegen vom Natur- und Artenschutz schon dabei. Sie legen Wilderern das Handwerk und retten Tiere aus ihrer Gefangenschaft. So kann hoffentlich bald keiner mehr mit Schneeleoparden Geld verdienen!

Vielen Dank, Dr. Wolff, für diesen Hoffnungsschimmer!

Himalaja

► Typische Pflanzen: Rhododendron, Bambus, Nadel- bäume

► Merkmale: ist höchstes und längstes Gebirge der Welt, viel- seitige Natur, da verschiedene Höhenlagen

► Besonderheiten: viele der ansässi- gen Tierarten sind im Be- stand gefährdet, Name bedeutet „Schneewohnung"

Bären in Bäumen

Tagsüber schläft der Kleine Panda zusammengerollt auf einem Baum. Nachts sucht er am Boden nach Früchten, Eiern und Eicheln. Außer- dem frisst er gerne Bambus, Gräser und Wurzeln, manchmal auch Mäuse.

Der Kragenbär ernährt sich unter anderem von Pflanzen und Schafen. Beim Klettern und beim Bau von Nestern in den hohen Baumkronen sind seine langen Krallen sehr nützlich.

Seinen Namen hat der Kragenbär vom dicken Pelz im Nacken. Bei Weib- chen ist er ausgeprägter als bei Männchen.

Verständigung

Richtige Gespräche kann der Mongolische Wolf mit seinem Rudel führen. Ohrenstellung, Schwanz- haltung und Rufe – alles hat eine Bedeutung bei der gemeinsamen Jagd nach Rehen.

Ein Mongolischer Wolf kann bis zu zehn Kilo- gramm Fleisch auf einmal verputzen.

Lies mal weiter!
Seite 42, 62, 70

Im Meer

Unter der Meeresoberfläche verbirgt sich mancherorts kalte, finstere Tiefe. Ganze Gebirge tun sich dort auf und zwischendrin tummeln sich unzählige Tiere. Sie trinken Salzwasser, ohne davon Durst zu bekommen, und verständigen sich, ohne dass ein Mensch es hören kann. Wattschnecken surfen unter der Wasseroberfläche und Austernfischer müssen erst einmal lernen, wie ihr Futter überhaupt aussieht. Unglaubliche Dinge passieren im Meer und rundherum!

Im Watt und am Strand

Am liebsten frisst der Seestern Muscheln. Ihre Schale öffnet er mit der Kraft seiner Arme.

Das Meeresufer bietet Tieren die Möglichkeit, mit Salzwasser ihren Durst zu löschen. Silbermöwen haben in ihrem Schnabel spezielle Drüsen, die das überflüssige Salz wieder ausscheiden.

Futterbeschaffung

Junge Austernfischer müssen von ihren Eltern erst lernen, Krabben- oder Muschelschalen zu knacken. Die Brandgans hat es einfacher: Sie schwimmt mit geöffnetem Schnabel in Wasserlachen, sodass Würmer und kleine Krebse hineintreiben können. Wattschnecken surfen auf der Flut: Mit dem Fuß nach oben hängen sie an der Wasseroberfläche und lassen sich manchmal kilometerweit zu einer neuen Nahrungsquelle tragen.

Watt, Strand und Düne sind das ganze Jahr über von den unterschiedlichsten Tieren bevölkert.

Fortbewegungsarten

Anstelle von Beinen haben Kegelrobben Flossen. An Land bewegen sie sich damit mühsam vorwärts, aber im Wasser sind sie in ihrem Element. Ziemlich ungewöhnlich bewegen sich Quallen fort: Sie ziehen ihren Körper zusammen und entspannen ihn wieder. Dadurch entsteht die Vorwärtsbewegung der Tiere, die – bis auf eine dünne Außenhaut – ganz aus Wasser bestehen.

Silbermöwe

Brandgänse

Kegelrobben

Watt-schnecken

Austernfischer

Mies-muscheln

Qualle

Seestern

Der Name Rote Bohne trügt – es gibt sie auch in Gelb, Grün, Braun und Blau.

Mit ihrem langen Grabfuß zieht sich die Schwertmuschel bei Gefahr in tiefere Bodenschichten hinab.

Austern sind Zwitter, das heißt sie sind abwechselnd männlich und weiblich.

Natur-Kläranlage

Muscheln sind die Kläranlage des Meeres. Die Miesmuschel lebt als einzige oberirdisch und kann pro Stunde bis zu zwei Liter Meerwasser reinigen.

Der Wattwurm sitzt in einer Röhre, die bei Flut überschwemmt wird. Den hereinsprudelnden Sand frisst er, filtert ihn beim Verdauen und drückt den sauberen Rest etwa alle 45 Minuten wieder an die Oberfläche.

Der Einsiedlerkrebs hat keinen schützenden Panzer. Stattdessen besetzt er ein leeres Schneckenhaus.

Du entscheidest selbst:
• Hat der Wattwurm einen Bruder an Land?
➡ Seite 14/15
• Welcher Käfer kann schwimmen? ➡ Seite 22/23

Watt, Strand und Düne
▶ Typische Pflanzen: Schlickgras, Strandhafer, Sanddorn
▶ Merkmale: bestehen aus Sand, werden teilweise von Meerwasser überspült
▶ Besonderheiten: Sandkörner sind winzige Steine

Lies mal weiter!
Seite 24, 28, 54

Im Meer

Schon bei der Geburt wiegt ein Buckelwal-Kalb fast 1000 Kilogramm und ist vier bis fünf Meter lang.

Meer
▶ Typische Pflanzen: verschiedene Algen, Seegras, Tang
▶ Merkmale: bedeckt etwa 71 Prozent der Erdoberfläche, umfasst die Gesamtheit aller Ozeane (Atlantischer Ozean, Indischer Ozean, Pazifischer Ozean)
▶ Besonderheiten: durchschnittliche Entfernung von der Wasseroberfläche zum Meeresboden beträgt 3800 m

Im Meer tummeln sich unzählige, diesem Element angepasste Tiere. Sie halten sich oft in der Nähe der Wasseroberfläche auf. Dort ist es angenehm warm und das Nahrungsangebot reichlich.

Verblüffender Fischfang

Eine außergewöhnliche Technik haben die Buckelwale beim Fischfang entwickelt. Sie tauchen unter einen Fischschwarm und lassen rundherum Luftbläschen aus ihrem Blasloch. Da kleine Fische turbulentes Wasser scheuen, können sie nun nicht mehr fliehen. Die Buckelwale müssen nur noch mit geöffnetem Maul durch den Schwarm hindurchschwimmen, um für einige Stunden satt zu werden.

Verspielte Jäger

Delfine wie der Große Tümmler gehören zu den Walen. Statt durch die Nase holen sie mit einer Atemöffnung oben am Kopf Luft. Durch ein Blasloch pusten sie beim Auftauchen die verbrauchte Luft hinaus. Sie erkennen einander an Klicklauten, die für das menschliche Ohr kaum hörbar sind. In ihrem Kopf sitzt ein Organ, das eintreffende Geräusche verstärkt. Damit hören sie kilometerweit.

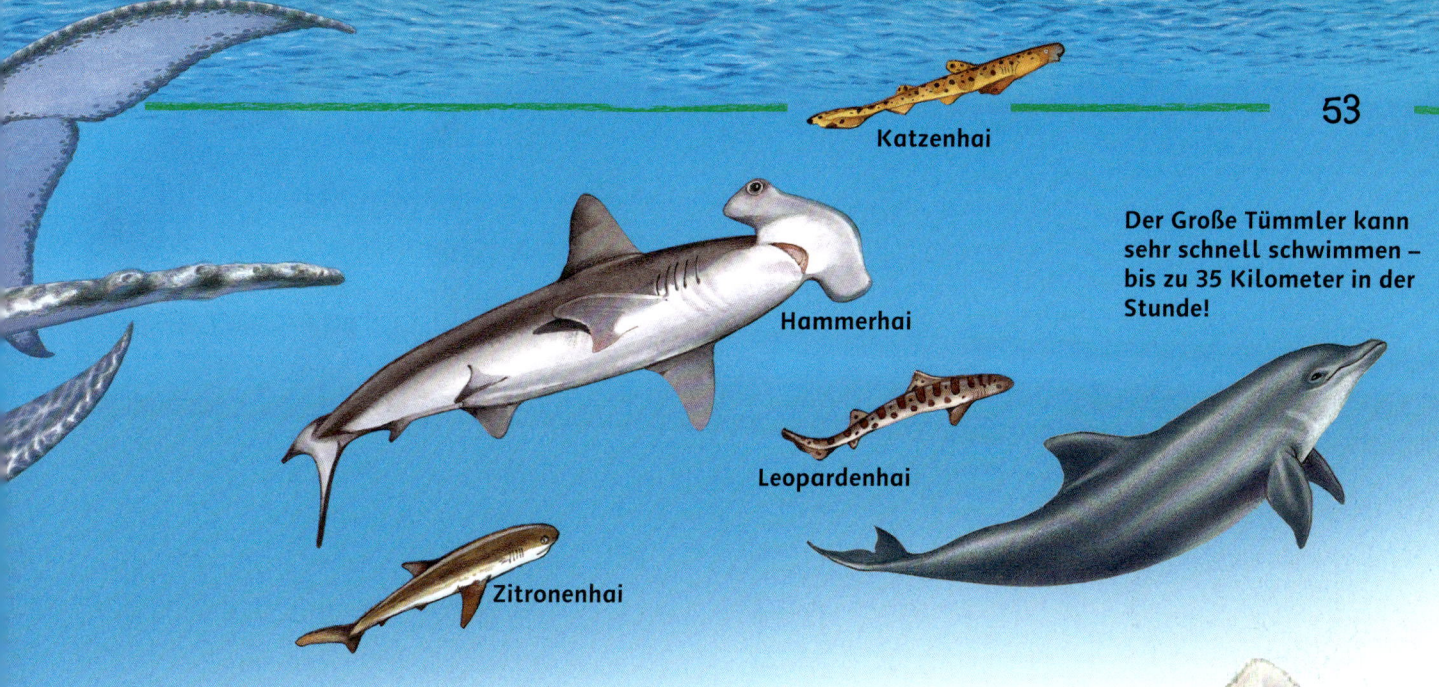

Katzenhai

Hammerhai

Der Große Tümmler kann sehr schnell schwimmen – bis zu 35 Kilometer in der Stunde!

Leopardenhai

Zitronenhai

Räuber der Meere

In den Meeren leben ungefähr 350 Haiarten. Der Hammerhai verdankt den Namen seinem auffälligen Kopf – er ist platt, stark verbreitert und sieht von oben wie ein „T" aus. Der Leopardenhai bekommt die typische Musterung erst im Laufe seines Lebens. Anfangs ist er noch wie ein Zebra gestreift. Der Zitronenhai wird so lang wie ein Auto. Als Einzelgänger macht er Jagd auf viele

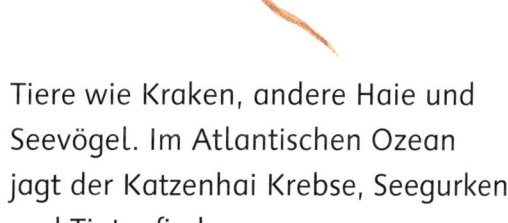

Der langlebigste Krebs ist der Hummer. Er kann bis zu 50 Jahre alt werden.

Kaum zu glauben

Hinter den vorderen Zähnen liegen beim Hai meist weitere sieben Zahnreihen als natürlicher Zahnersatz.

Tiere wie Kraken, andere Haie und Seevögel. Im Atlantischen Ozean jagt der Katzenhai Krebse, Seegurken und Tintenfische.

Du entscheidest selbst:
• Welcher Igel hat einen Schnabel? ➡ Seite 36/37
• Wie viel frisst ein Bartenwal an einem Tag? ➡ Seite 154/155

Auf der Jagd kann der Thunfisch eine Spitzengeschwindigkeit von bis zu 90 Kilometer in der Stunde erreichen.

Lies mal weiter!
Seite 138, 142, 162

Im Korallenriff

Korallenriffe gleichen an Schönheit und Farbenpracht ihrer Bewohner keinem anderen Lebensraum.

Keine Pflanzen

Lange Zeit wurden Korallen für Pflanzen gehalten. Doch wie die Hirschgeweih- und Fächerkorallen haben diese Tiere alle einen hohlen Körper mit einer Öffnung für die Nahrungsaufnahme. An ihr befinden sich Fangarme, die winzige Lebewesen aus dem Wasser schnappen.

Seeräuber

Der Tintenfisch wühlt sich tagsüber in den Sand ein und geht nachts auf Jagd. Droht ihm Gefahr, stößt er eine dunkle Flüssigkeit aus. Im Schutz dieser „Tintenwolke" flieht er dann. Seeschlangen fischen am liebsten in der Nähe der Küste. Mit seinen furchterregenden und spitzen Zähnen ist der pfeilschnelle Barrakuda ein gefährlicher Räuber. Nur der Putzerfisch ist vor ihm sicher, denn er darf dem Raubfisch die Zähne säubern und wird dabei nicht gefressen.

Mit ihrem Ringelschwanz halten sich die Seepferdchen an Algen oder Seegras fest.

Teste dein Wissen!

Wie wird der Anemonenfisch noch genannt?

(Clownfisch)

Im Korallenriff finden die unterschiedlichsten Meeresbewohner Schutz und Nahrung.

Panzerträger, Clowns und Pferde

Wie bei allen Meeresschild-
kröten dienen die Beine der
Karettschildkröte als Schwimm-
flossen und Steuerruder. Schon
vor etwa 150 Millionen Jahren schwammen ihre frühen
Vorfahren durch die Urmeere
unseres Planeten.

Der Anemonenfisch lebt
zwischen den Fühlern der
Seeanemone. Ihm macht das Gift
ihrer Nesseln nichts aus, er nutzt sie
als Schutz.

Super, dass Ferien sind! Gestern waren wir im Aquarium, da gab es so viele bunte Fische, echt toll. Am witzigsten war der schwangere „Mann" einer See-pferdchen-Frau.

Das ist echt kaum zu glauben! Bei allen Seepferdchen brütet der Mann die Eier aus! Das dauert aber nur ein paar Wochen. Ich will bald wieder ins Aquarium, vielleicht sehe ich dann die Geburt?

**Wegen seiner lustigen Streifen
wird der Anemonenfisch auch
Clownfisch genannt.**

Als Gegenleistung erhält die
Anemone Reste seiner Mahlzeit.
Eine für Fische ungewöhnliche
Körperhaltung nimmt das See-
pferdchen ein: aufrecht und es ist
damit ein Überlebenskünstler.
So kommt kein Raubfisch darauf,
dass es ein Beutefisch sein könnte.

Korallenriff
▶ Typische Pflanzen:
  Algen, Seegräser
▶ Merkmale:
  besteht größtenteils
  aus Lebewesen,
  wirkt als Wellen-
  brecher
▶ Besonderheiten:
  weltweit durch
  Umweltverschmut-
  zung bedroht

**Der größte Feind
der Meeresschild-
kröten ist der Mensch.
Aus ihrem Schild werden
Brillen und Schmuckstücke
hergestellt.**

Lies mal weiter!
Seite 24, 36, 70

Tiefsee
- ▶ Typische Pflanzen: gibt es nicht, da Pflanzen Licht brauchen
- ▶ Merkmale: eiskalt und stockdunkel, ab etwa 800 m unter der Meeresoberfläche, tiefste Stelle: 11034 m (Marianengraben)
- ▶ Besonderheiten: bildet mehr als die Hälfte des Lebensraums der Erde

Über die Mondoberfläche wissen Forscher mehr als über die dunklen Tiefen der Ozeane. Sie gehen deshalb von über zehn Millionen noch zu entdeckenden Tierarten aus.

Gewusst wie!

Die Staatsqualle ist ein Zusammenschluss von mehreren Lebewesen. Jedes hat darin seine Aufgabe: Einige benutzen giftige Nesseln, um damit Beutetiere zu fangen. Andere sorgen dafür, dass die Nährstoffe aus dem Futter an alle im „Staat" verteilt werden.

In der nachtschwarzen Tiefsee leben Schwärme von Laternenfischen. Um Beute anzulocken, haben sie Leuchtorgane am Kopf und vor allem an der Körperunterseite. Ein weiterer Bewohner der Tiefsee ist der Anglerfisch. Als Köder trägt er vorn am zähnestarrenden Maul eine Lampe. Dieses Organ enthält leuchtende Bakterien. Davon wird die Beute magisch angezogen und schwimmt ins offene Maul.

Seltsame Würmer

In der Nähe von unterseeischen Vulkanen haben sich Röhrenwürmer angesiedelt. Sie sind am Boden festgeheftet und stecken in Röhren. Mit ihren Fangarmen schnappen sie sich winzige Nahrungsteilchen aus dem Wasser.

1 Riesenkalmar
2 Staatsqualle
3 Pottwal
4 Röhrenwurm
5 Anglerfisch
6 Laternenfisch

Kampf der Giganten

Der Pottwal zieht beim Abtauchen
Wasser durch die Nase, um schwerer
zu werden. Mit 3000 Meter Tiefe
hält er den Tauchrekord der Wale.
Beutetiere – sogar Haie – verschluckt
er ganz. Seine Zähne benutzt er nur
beim Kämpfen, etwa gegen einen
Riesenkalmar. Diese Schlachten
hinterlassen oft deutliche Saugnapf-
spuren am Kopf des Wales.

Der Tiefsee-Anglerfisch (1) nutzt Licht
als Köder. Der Drachenfisch (2) hat
extrem lange Zähne.

Du entscheidest selbst:
• Welches ist das stärkste
  Tier der Welt? ➡ Seite 34/35
• Welches Tier hört
  besonders gut? ➡ Seite 42/43

Die Tiere der Tiefsee fressen
absinkende Reste abgestorbener
Pflanzen und Tiere oder einander.

Tiefsee-Roboter

Interview mit Dr. Wolff

Dr. Wolff, arbeiten Sie eigentlich immer allein?

Auf keinen Fall. Ich stehe regelmäßig in Kontakt zu anderen Biologen. Erst letzte Woche habe ich mit einem Tiefseeforscher telefoniert.

Was hatte der zu berichten?

Einiges! Zum Beispiel das Neueste vom Neuen: Es gibt inzwischen Roboter, die bis zu 6000 Meter tief tauchen.

Wieso kann das denn kein Mensch machen? Sind die Tiere dort zu gefährlich?

Oh nein! Die Tiere, zumindest die bisher entdeckten, sind nicht bedrohlicher als in anderen Teilen des Meeres. Aber der Wasserdruck würde einen Menschen töten.

Wie schrecklich! Vielen Dank, Dr. Wolff!

Lies mal weiter!
Seite 22, 46, 140

In Wüste und Savanne

Wasser ist kostbar, besonders für Tiere, die in Savannen, Wüsten und Graslandschaften leben. Sie haben die unterschiedlichsten Fähigkeiten entwickelt, mit wenig Wasser auszukommen und Wasser aufzuspüren. Oft kommen sie erst in der Kühle der Nacht aus Erdlöchern und nutzen ihre gut ausgeprägten Sinne für die Jagd in der Dunkelheit. Kommt ihnen dabei ein anderes Tier in die Quere, wird es eingeschüchtert – mal mit Scherenhänden, mal mit lautem Zischen. Doch nie wird ohne Grund angegriffen.

In der afrikanischen Savanne

Teste dein Wissen!

Welches Tier stößt bellende Laute aus?

(Zebra)

Ob mit langem Hals oder prächtiger Mähne – in der Savanne leben außergewöhnliche Tiere. Da jede Art eigene Fressgewohnheiten hat, ist für alle genügend Nahrung vorhanden.

Großkatzen und ihr Futter

Als König der Tiere ist der Löwe bekannt. Löwen sehen auch bei Nacht hervorragend, weil ihre Augen noch den letzten Rest Licht aufnehmen können. Das hilft ihnen bei der Jagd – etwa auf junge Giraffen, die nur wenige Minuten am Stück schlafen, weil sie ständig auf der Hut vor Löwen sein müssen. Insgesamt kommen Giraffen auf nicht einmal zwei Stunden Schlaf je Nacht.

Revieransprüche

Flusspferde halten sich tagsüber am liebsten im Wasser auf, dabei ragen nur Augen, Nase und Ohren aus dem Wasser. Sie lassen sich vom Wasser tragen und können sogar mühelos über den Grund laufen. Um Rivalen aus ihrem Revier zu vertreiben, drohen Flusspferde mit weit aufgerissenem Maul und furchteinflößenden Zähnen.

Auf den Grasflächen der Savanne leben viele Pflanzenfresser, die ihrerseits Nahrung für Raubtiere sind.

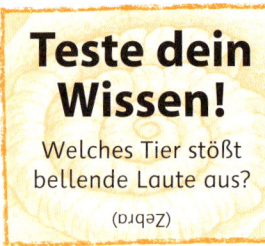

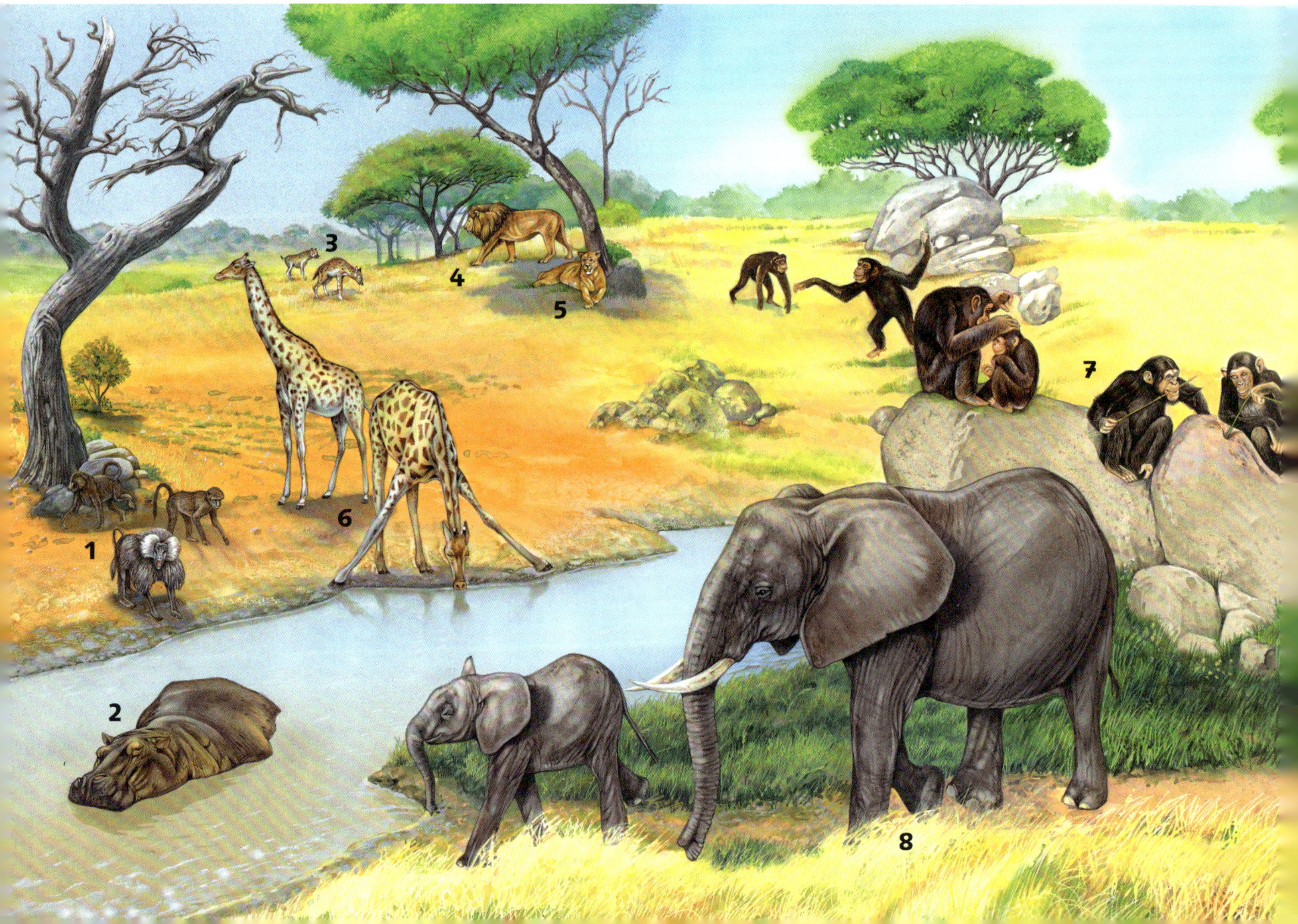

Erfolgreiche Jäger

Hyänen sind als Aasfresser bekannt. Sie jagen aber im Rudel sogar große Tiere wie Zebras und sind dabei erfolgreicher als Löwen. Mit speziellen Lauten und Körperhaltungen verständigen sie sich untereinander. Hält ein Rudelmitglied beispielsweise seinen Schwanz gerade, heißt das für alle anderen: Achtung, gleich geht der Angriff los!

Bestand der Bergzebras wieder stabil

Nachdem die Zahl der Hartmann-Bergzebras in den letzten Jahren ständig zurückgegangen ist, hat gestern die südwestafrikanische Naturschutzbehörde eine gute Nachricht verbreitet: Der Bestand ist seit letztem Jahr unverändert geblieben. Lange Zeit wurden die schwarz-weißen Wildpferde von den Farmern abgeschossen, weil sie als Futterkonkurrenten ihrer Rinder galten. Nach einer intensiven Aufklärungsaktion der Natur-schützer sehen die Farmer nun, dass diese kleinste Zebraart ihnen auch von Nutzen sein kann. Die Tiere sind nämlich eine Touristenattraktion, und mit den Eintrittsgeldern verdienen sich die Farmer etwas zu ihrem Lebensunterhalt dazu.

Ihre Hörner nutzen die Nashörner nur selten zur Verteidigung.

Bellen und Brummen

Obwohl Zebras Pferde sind, wiehern sie nicht. Stattdessen geben sie Laute von sich, die fast wie Hundebellen klingen. Richtig sprechen können Elefanten – in einer so tiefen Tonlage, dass Menschen sie nicht hören können. Ihr langer Rüssel ist übrigens Nase und Oberlippe in einem. Er kann gleichzeitig riechen und geschickt wie eine Hand Zweige ertasten und nach Blättern greifen.

Ein Affenleben

Paviane und Schimpansen leben in Großfamilien zusammen. Ihr leuchtendes Hinterteil und die hundeähnliche Schnauze machen Paviane unverwechselbar.
Schimpansen sind besonders schlaue Säugetiere und den Menschen durch ihr Verhalten am ähnlichsten.

1 Paviane
2 Flusspferd
3 Hyänen
4 Löwe
5 Löwin
6 Giraffen
7 Schimpansen
8 Elefantenkuh mit Jungem

Savanne
▶ Typische Pflanzen: Affenbrotbaum, Sträucher, Gräser
▶ Merkmale: entsteht meist zwischen Regenwäldern und Wüsten, geschlossene Grasschicht
▶ Besonderheiten: trotz Wasserarmut sehr reich an Tierarten

Lies mal weiter!
Seite 12, 64, 76

In der Wüste

Viel Wind und wenig Wasser kennzeichnen die Wüste. Tiere, die hier überleben können, wurden von der Natur mit besonderen Fähigkeiten ausgestattet.

Wo gibt's Wasser?

Das Dromedar, ein Kamel mit nur einem Höcker, kann bis zu 150 Liter auf einmal trinken. In seinem Höcker speichert das größte Tier der Wüste Fett, das es bei Bedarf „verbrennen" kann. Dabei erhält es Energie und Flüssigkeit.

Oryxantilopen wittern es, wenn in 200 Kilometer Entfernung Regen fällt. Dann machen sie sich auf den Weg, denn sie wollen das frische Grün nicht verpassen, das nur für kurze Zeit nach dem Regen wächst.

Äußerst giftig

Eine der gefährlichsten Giftschlangen ist die Sandotter. Mit einem Biss lähmt oder tötet sie ihre Beute.

Kaum zu glauben

Bis zu zwei Wochen hält es ein Kamel aus, ohne etwas zu trinken!

Wüste
- ▶ Typische Pflanzen: Kakteen, Akazien, Dattelpalme
- ▶ Merkmale: tagsüber bis zu 55 Grad Celsius, besteht überwiegend aus Sand, Geröll oder Lehm
- ▶ Besonderheiten: Oasen als einzige Plätze, an denen es Wasser gibt

Dromedar

Oryxantilope

Wüstensträucher entwickeln kilometerlange Wurzeln zum Wasser hin. Fressen Tiere sie, trinken sie also gleichzeitig.

Riesenskorpion

Sandotter

1 Fennek (Wüstenfuchs)
2 Klapperschlange
3 Wüstenspringmaus
4 Schakal
5 Gila-Krustenechse
6 Tarantel

Die Wüste erwacht
nachts zum Leben, weil
es dann kühler ist.

Wahrnehmung in der Dunkelheit

Selbst bei völliger Dunkelheit kann die Klapperschlange Beute aufspüren. Ihre Grübchen bemerken die Körpertemperatur von Tieren, die sich ihr nähern. Durch das kleinste Geräusch verrät sich die Beute des Wüstenfuchses. Mit seinen großen Ohren ortet er beispielsweise Wüstenspringmäuse. Ausschließlich nachts gehen auch der Elfenkauz, die Tarantel und der Schakal auf die Jagd. Findet die Gila-Krustenechse mehrere Nächte hintereinander nichts zu fressen, zehrt sie von dem Fett, das sie in ihrem Schwanz speichert.

Du entscheidest selbst:
• Was ist eine Rote Bohne?
➡ Seite 50/51
• Gibt es auch eine Wüste aus Eis?
➡ Seite 70/71

Lies mal weiter!
Seite: 18, 28, 72

Australische Trockengebiete

Im australischen Grasland leben sonderbare Tiere, die es sonst nirgendwo auf der Welt gibt. Sie haben hier ausreichend Platz für ihre Lieblingstätigkeiten: durch die Gegend hüpfen, den Boden aufwühlen und Gräser knabbern.

Der Wellensittich bringt es auf eine Höchstgeschwindigkeit von bis zu 100 Kilometer in der Stunde!

Gesellige Gesellen

Bei uns nur als Haustiere bekannt sind die Wellensittiche. Diese geselligen Papageien ziehen oft in großen Schwärmen umher. In Erholungspausen putzen sie ihr Gefieder, schwatzen miteinander oder kraulen sich gegenseitig mit dem Schnabel.

Einzelgänger

Mit Krallen so lang wie bei einem Bären gräbt sich der einzelgängerische Wombat unterirdische Höhlen. Die Weibchen tragen ihre Jungen sechs Monate lang in einem Beutel am Bauch mit sich herum. Dieser Beutel ist nach hinten offen, damit er sich beim Graben nicht mit Sand füllt.

Hoch- und Weitspringer

Mit Riesensprüngen von bis zu zwölf Metern hüpft das Känguru vorwärts. Den kräftigen Schwanz nutzt es wie ein zusätzliches Bein: Er hält beim Sprung das Gleichgewicht und stützt beim Stehen. Im Beutel haben die Weibchen den Nachwuchs. Die Kleinen sind Einzelkinder und bei der Geburt so klein wie eine Bohne.

Wegen seines unbeholfenen Gangs wird das Beuteltier Wombat auch Plumpbeutler genannt.

Hallo, Lukas!
Unser Urlaub in Australien ist super! Mir ist ein Hund zugelaufen, wir haben ihn Barky getauft. Neulich hat er seine Schnauze in ein Loch im Boden gesteckt und jaulend wieder rausgezogen. Papa meint, das war ein Wombat. Er hat seine Höhle verteidigt.
Tschüss! Sarah

Rennende Vögel

Der Emu kann mit seinen kleinen Flügeln und dem schweren Körper nicht fliegen, dafür aber mit den starken Füßen sehr schnell laufen. Beim zweitgrößten Vogel der Welt kümmert sich das Männchen um den Nachwuchs. Es brütet die Eier aus und bewacht die Küken.

Klappt die Kragenechse ihren bunten Halskragen aus, wirkt sie riesig. Dadurch schüchtert sie ihren Gegner ein.

Kaum zu glauben

Wenn ein Emu richtig loslegt, kommt er auf 48 Kilometer in der Stunde. Dabei macht er bis zu 2,7 Meter große Schritte.

Du entscheidest selbst:
• *Wieso schlägt der Hase Haken?* ➡ *Seite 14/15*
• *Wo lebt die längste Giftschlange?* ➡ *38/39*

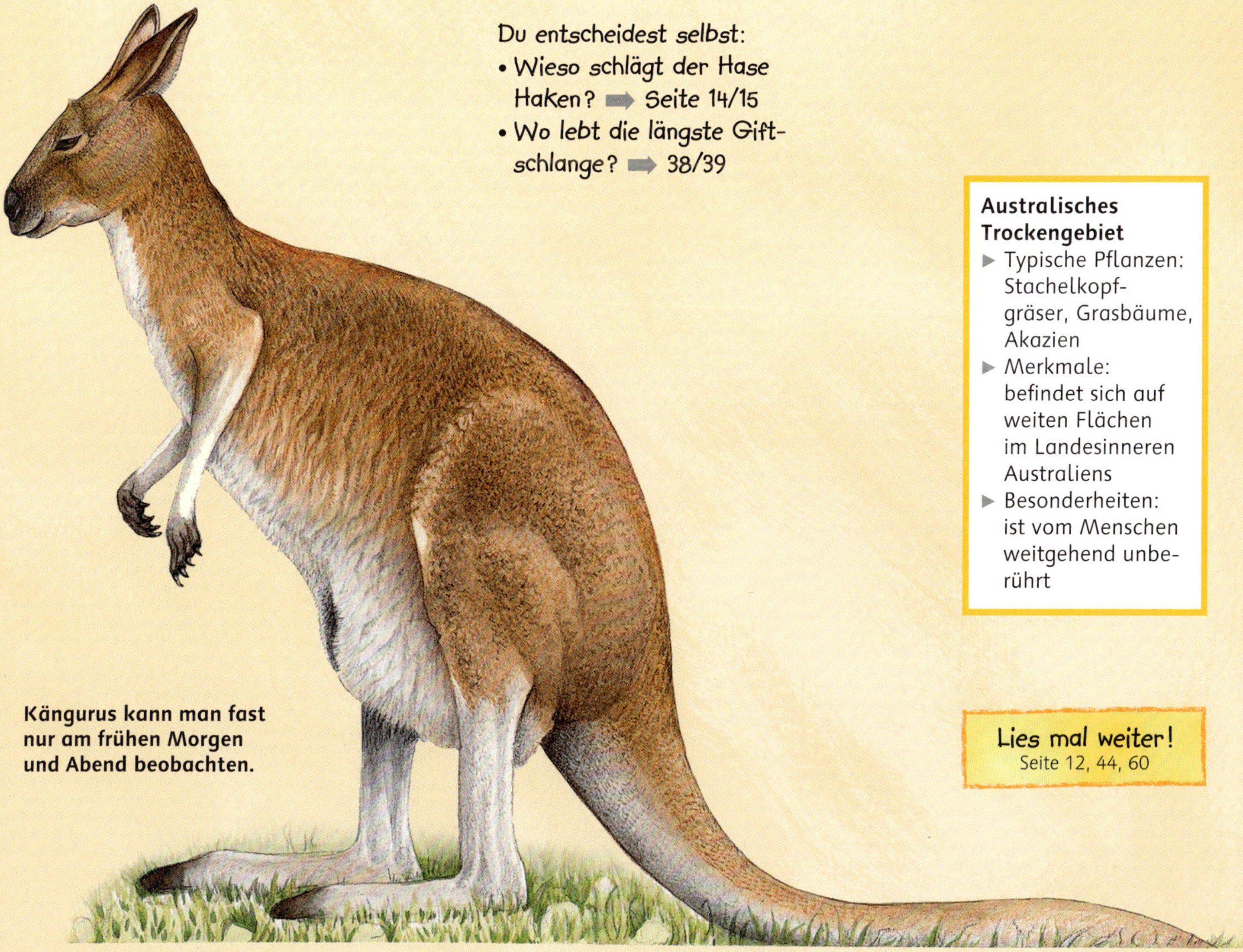

Australisches Trockengebiet
▶ Typische Pflanzen: Stachelkopfgräser, Grasbäume, Akazien
▶ Merkmale: befindet sich auf weiten Flächen im Landesinneren Australiens
▶ Besonderheiten: ist vom Menschen weitgehend unberührt

Kängurus kann man fast nur am frühen Morgen und Abend beobachten.

Lies mal weiter!
Seite 12, 44, 60

In den Polargebieten

Den Dauerwinter der Polargebiete überstehen nur abgehärtete Tiere mit dickem Fell und einer üppigen Fettschicht. Deshalb leben hier oft die größten ihrer Art: Bären, Pinguine, Wale und Robben. Selbst kalter Schnee kann für sie eine wärmende Decke sein. Mit einer Art Schneeschuh tapsen sie durch die weiße Landschaft oder paddeln mit ihren mit Schwimmhäuten ausgestatteten Füßen durchs eisige Meer auf der Jagd nach Fischen. Einige kommen nur mithilfe ihrer starken Zähne wieder an Land oder auf die nächste Eisscholle.

In Tundra und Taiga

Lemming

Weite Graslandschaften, kümmerliche Sträucher – klingt nicht sehr einladend, ist aber Heimat für Tiere, die sich an ein karges Leben angepasst haben.

Weite Verzweigungen

Nur bei den Rentieren trägt auch das Weibchen ein prächtiges Geweih. Mit den spitzen Enden setzt es sich an beliebten Futterplätzen durch. Das ist besonders während der Trächtigkeit, also der Schwangerschaft, wichtig.

Ähnlich verzweigt wie dieses Geweih sind die unterirdischen Gänge der Lemminge. Darin wohnen diese

In der baumlosen Tundra wird es selbst im Sommer nicht wärmer als 10 Grad Celsius.

putzigen Wühlmäuse vor Feinden und Kälte geschützt. Manchmal bezieht auch eine Felsenkatze solche Baue. Sie kennzeichnet ihr Revier wie ein Hund mit Urin, heißt wie eine Katze, ist aber ein Marder.

Dickes Fell

Moschusochsen haben eine so dichte, weiche Unterwolle, dass ihnen Regen und Schnee nur wenig anhaben können. In ihrer Nähe kann man häufig einen Polarfuchs beobachten. Überrascht ihn ein Schneesturm, rollt er sich eng zusammen und verdeckt das Gesicht mit seinem buschigen Schwanz.

Unendlich weit erscheint der Wald der Taiga und bietet genug Platz für Schwarzbären und Elche.

1 Rentiere
2 Felsenkatze
3 Moschusochsen
4 Polarfuchs

Schnee als Kälteschutz

Schnee kann gegen Kälte abschirmen. Das nutzt der Elch und lässt sich ab und zu einfach einschneien. Bei zu warmen Temperaturen gerät er dagegen regelrecht in Stress und flüchtet zum Abkühlen ins Wasser. Der Schwarzbär zieht sich im Winter zu einer bis zu sieben Monate dauernden Winterruhe zurück in einen warmen Bau oder in eine Höhle.

Tundra und Taiga
► Typische Pflanzen: Kriechsträucher, Kräuter (Tundra), Lärche, Kiefer (Taiga)
► Merkmale: Tundra – liegt südlich des Nordpols. Taiga – liegt südlich der Tundra
► Besonderheiten: äußerst kurzer Zeitraum fürs Pflanzenwachstum

Du entscheidest selbst:
• Wo lebt ein Buchdrucker?
  ➡ Seite 34/35
• Wie schützt sich der Schneeleopard vor Kälte?
  ➡ Seite 46/47

Lies mal weiter!
Seite 32, 38, 42

Arktis
► Typische Pflanzen: Algen
► Merkmale: es herrscht Dauerfrost; befindet sich am Nordpol
► Besonderheiten: ist vom eisbedeckten Meer umgeben

Rund um den Nordpol ist es sehr kalt, weil die Sonnenstrahlen dort nur flach auftreffen und ihre volle Kraft nicht entfalten können. Für Tiere bedeutet das: sich an die Kälte anpassen.

Vor der Kälte geschützt

Dichtes, Wasser abweisendes Fell und eine dicke Speckschicht schützen den Eisbären vor arktischen Temperaturen bis minus 60 Grad Celsius. Sogar unter seinen Tatzen hat er Fell, damit er auf dem Eis nicht friert. Seine breiten Füße mit den gebogenen Krallen lassen ihn an Land gut vorankommen und machen im Wasser einen guten Schwimmer aus ihm. Zwischen den Zehen spannen sich nämlich richtige Schwimmhäute.

Lange Zähne

Das über zwei Meter lange Horn am Kopf des männlichen Narwals ist eigentlich ein Zahn aus Elfenbein. Wissenschaftler haben noch nicht herausgefunden, wofür er ihn braucht. Möglicherweise benutzt er ihn als Waffe.
Das Walross kämpft mit seinen riesigen Eckzähnen gegen andere Männchen oder zieht seinen schweren Körper damit aufs Eis.

Walross

Narwal

Eisbär

Trotz eisiger Temperaturen leben in der Arktis viele Tiere.

Kaum zu glauben

Eisbärenfell sieht weiß aus, ist aber in
Wirklichkeit farblos wie ein Wassertropfen.

Fisch auf der Speisekarte

Die Fische des Nordpolarmeers
sind die Hauptnahrung der Arktis-
bewohner. Eine Sattelrobbe ver-
bringt deshalb fast ihr ganzes Leben
im Wasser auf der Jagd. Sie kann bis
zu 250 Meter tief und 30 Minuten
lang tauchen. Der Belugawal ernährt sich hauptsächlich von Krebs-
tieren und einigen Fischarten. Zum
Atmen stößt er durch das Packeis
an die frische Luft. Belugas leben
in großen Herden. Sie verständigen
sich durch singende Laute.

Der Belugawal wird
auch Weißwal genannt.

Hi, Sarah!
Hier am Nordpol ist es
total kalt! Dabei hat
heute zum ersten Mal
die Sonne geschienen. Es
wurde aber trotzdem nicht
wärmer. Nur die Eisberge
haben noch mehr geglitzert.
Wir haben Eisbären mit
ihren Babys gesehen.
Die rutschen so lustig
vorwärts, weil sie noch
so verspielt sind.
Bis bald! Lukas

Sarah Kammerer
Alte Gasse 15
40472 Düsseldorf

Du entscheidest selbst:
• Wofür braucht ein
  Wildschwein seine Eckzähne?
  ➡ Seite 34/35
• Welches Tier heißt auch
  „Plumpbeutler"?
  ➡ Seite 64/65

Lies mal weiter!
Seite 16, 44, 52

In der Antarktis

Hier herrscht das kälteste Klima auf der Erde überhaupt. Trotzdem leben in der Antarktis, also am Südpol, beeindruckende Riesen.

Unvorstellbar groß und schwer ist ein Blauwal. Allein seine Zunge wiegt so viel wie ein ganzer Elefant.

Teste dein Wissen!

Wie heißt der Pinguin mit den meisten Federn?

(Kaiserpinguin)

Kaiserpinguine brüten ihr Ei auf den Füßen aus. Es wird unter einer Hautfalte warm gehalten.

Größenrekorde

Der Kaiserpinguin stellt gleich zwei Rekorde auf. Mit seinen 1,15 Metern und 30 000 Federn ist er der größte und federnreichste Pinguin der Welt. Unter Wasser jagt er seine Nahrung: Fische, Tintenfische, Krebse. Dabei holt er mit seinen kurzen Flügeln Schwung wie andere Vögel in der Luft beim Fliegen. Sein auffälliger Frack lässt ihn von unten für Feinde fast unsichtbar erscheinen und hebt sich von oben betrachtet kaum vom dunklen Meeresboden ab.

So lang wie zwei Busse hintereinander ist der Blauwal. Damit ist er das größte Tier, das jemals auf der Erde gelebt hat. Wer so riesig ist, braucht auch viel Futter. Ungefähr vier Tonnen Kleinstkrebse frisst dieser Meereskoloss an einem Sommertag. Im Winter lebt er von seiner dicken Fettschicht, dem Blubber.

Antarktis
▶ Pflanzen:
nur an eisfreien Stellen – Moose, Flechten, Algen
▶ Merkmale:
ist von einem Inlandeispanzer bedeckt, trocken wie die Wüste, befindet sich am Südpol
▶ Besonderheiten:
ist Speicher für etwa 80 Prozent der Süßwasservorräte der Erde

Ein- oder Mehrehe?

Die Schwarzbrauenalba-
trosse suchen sich im Alter
von acht Jahren einen Partner,
mit dem sie ihr ganzes Leben
zusammenbleiben. Mit ihm teilen
sie sich die Arbeit beim Brüten und
beim Füttern der Küken. Nur für die
Aufzucht der Jungen kommen sie an
Land. Den Rest der Zeit schlafen sie
sogar auf dem Wasser.

Einen ganzen Harem, also viele
Weibchen, legt sich ein See-Elefan-
tenbulle zu. Er kämpft vor der
Paarungszeit mit lautem
Gebrüll um den besten Platz
am Strand. Später kommen
die See-Elefantenkühe dazu
und bringen ein Junges zur Welt.

Der Albatros, ein Meister-
flieger, wirkt nur beim
Starten und Landen etwas
ungeschickt. Der Südpol-
wind hilft beim Abheben.

See-Elefanten sind die größten
Robben der Welt! Sie werden
bis zu 6,50 Meter lang.

Feindabwehr durchs Nasenloch

Interview mit Dr. Wolff:

Dr. Wolff, hat ein starker Vogel wie der Albatros überhaupt Feinde?
Na ja, ein erwachsenes Tier nicht wirklich. Aber die Kleinen werden manchmal von Greifvögeln aus den Nestern gerissen oder auch von Haien gefressen.
Wie wehrt er sich dagegen?
Gar nicht. Aber kommt ihm an Land jemand zu nah, dann fängt's mächtig an zu stinken.

Pupst der Albatros dann so stark?
Nein, nein! Er spritzt aus seinen Nasenlöchern ranziges Öl.
Wo nimmt er das denn her?
Das stammt aus seinem Magen und dient eigentlich bei Langstre-ckenflügen als Futtervorrat.
Mmmh, das klingt ja … nicht so lecker. Vielen Dank, Dr. Wolff.

Lies mal weiter!
Seite 14, 60, 139

Das Pferd – ein Herdentier

Alle Pferde und Ponys sind Herdentiere und leben gern in Gemeinschaft. Ihr Leben in der Herde wird durch klare Regeln und Verhaltensweisen bestimmt. Für uns Menschen ist es wichtig, diese Regeln zu kennen. Denn nur so können wir das Verhalten von Pferden richtig verstehen. Zum Beispiel sollte ein Reiter wissen und sich darauf einstellen, dass Pferde bei Gefahr immer fliehen. Je besser wir ein Pferd kennen, desto leichter können wir mit ihm umgehen!

Ur- und Wildpferde

Die meisten Urpferde sind ausgestorben. Aber einige ihrer
Nachkommen leben heute
noch: die Wildpferde.

Die große Wanderung

Vor ein bis zwei Mil-
lionen Jahren kam
Pliohippus, der Vor-
läufer unserer Pferde,
von Nordamerika nach
Asien. Damals waren diese
Kontinente noch durch eine
Landbrücke miteinander verbunden,
die später verschwand. Im Laufe
der Zeit breiteten sich die Urpferde
auch in Europa und Afrika aus. In
Europa und Asien überlebten sie,
in Amerika starben sie dagegen vor
etwa 10 000 Jahren aus unbekannten
Gründen aus.

In einem Naturschutzgebiet
in Niedersachsen hat man
Tarpane rückgezüchtet, die
dem Steppentarpan ähneln.

Der Waldtarpan lebte in den
sumpfigen Wäldern Nord-
europas und starb Ende des
18. Jahrhunderts aus.

Steppentarpan
- ▸ Größe: etwa 115 bis 125 cm
- ▸ Körperbau: fein-knochig, kleiner Kopf
- ▸ Farbe: grau, dunkler Strich auf dem Rücken
- ▸ lebte in Osteuropa

Verschiedene Wildpferde

Aus dem Urpferd entwickelten
sich vor über einer Million Jahren
Wildpferde, Esel und Zebras.
Wissenschaftler bezeichnen alle
Nachkommen des Urpferdes mit
dem lateinischen Wort „Equus".
Unser modernes Pferd heißt bei
Experten „Equus caballus". Unser
heutiges Pferd stammt von drei
Wildpferden ab: dem Wald- und
dem Steppentarpan, die ausge-
storben sind, und dem Przewalski-
Pferd, das es heute noch gibt. Der
Waldtarpan war in den Sumpf-
gebieten in Nordeuropa zu Hause,
der Steppentarpan in den Steppen
Osteuropas, das Przewalski-Pferd
vor allem in Zentralasien.

Przewalski-Pferde wieder in China!

Im September 2005 wurden sechs Przewalski-Hengste aus dem Kölner Zoo wieder in China angesiedelt. Einige Monate später folgte eine Gruppe Stuten. Die neue Heimat der Pferde ist das Kalameili-Reservat im Nordwesten Xinjiangs, das zur Wüste Gobi gehört. Dort finden sie ideale Lebensbedingungen vor. Allerdings müssen sich die Zootiere erst wieder an das Leben in der Natur gewöhnen. In den nächsten Jahren sollen noch mehr Pferde dort eine neue Heimat finden. Weltweit gibt es heute etwa 2000 Przewalski-Pferde, die meisten davon leben in Zoos.

Teste dein Wissen!

Welche Art Mähne hat das Przewalski-Pferd?

(Stehmähne)

Das Przewalski-Pferd

Das Przewalski-Pferd hat als einziges echtes Wildpferd bis heute überlebt. Seinen Namen verdankt es dem General Przewalski, der 1879 letzte Exemplare in der heutigen Mongolei entdeckte. Man brachte die Wildpferde damals in Zoos. So wurden die Bestände vor dem Aussterben bewahrt. Heute wildert man sie teilweise wieder aus. Przewalski-Pferde haben ein hellbraunes Fell. Beine, Mähne und Schweif sind schwarz. Typisch ist die Stehmähne und der dunkle Strich, der sich über den Rücken zieht. Man nennt ihn Aalstrich.

Zwei spielende Przewalski-Pferde

Das Przewalski-Pferd hat eine harte, kurze Stehmähne.

Przewalski-Pferd
- Größe: etwa 132 cm
- Körperbau: gedrungen, großer Kopf
- Farbe: hellbraun/schwarz
- dunkler Aalstrich auf dem Rücken

Lies mal weiter!
Seite 93, 102, 128

Das Pferd als Arbeitstier

Kaum zu glauben

Schon die Ägypter spannten Pferde vor ihre Wagen.

Vor etwa 6000 Jahren begannen die Menschen, Pferde zu zähmen. Außer als Lieferanten von Milch und Fleisch wurden sie als Reit- und Lasttiere genutzt. Aber erst um 3000 vor Christus erfand man Sattel und Zaumzeug.

Einsatz in Kriegen

In der Antike zogen Pferde die Streitwagen der Heerführer. Ab etwa 1000 vor Christus ritten Soldaten zu Pferd in den Krieg, da sie so schneller und wendiger waren. Im Mittelalter traten Ritter in voller Rüstung hoch zu Pferd in Turnieren gegeneinander an.

Vor den Wagen gespannt

Im Mittelalter setzten die Menschen Pferde verstärkt zur Arbeit auf den Feldern ein. Sie erfanden das Kummet, einen steifen, gepolsterten Ring. Mit diesem Geschirr konnten Pferde einen Pflug ziehen. Und ab 1600 wurden Pferde vor die ersten Postkutschen gespannt.

Wieder zurück

Seit dem Aussterben der Urpferde gab es in Amerika keine Pferde mehr. Erst die spanischen Eroberer brachten sie im 16. Jahrhundert wieder mit. Die Indianer wurden geschickte Reiter und konnten so leichter Bisons jagen. Auch die Siedler aus Europa, die in dieser Zeit nach Amerika kamen und Farmen (Bauernhöfe) bauten, nutzten Reitpferde: Mit ihnen hüteten Cowboys – Rinderhirten – ihre riesigen Herden. In der Mitte des 19. Jahrhunderts beförderten Ponys die Post der Siedler.

Bis zum Ende des 19. Jahrhunderts waren Kutschen ein wichtiges Reise- und Transportmittel.

Teste dein Wissen! Wie nennt man in Amerika Bauernhöfe? (Farmen)

Die Ritter im Mittelalter brauchten starke Pferde, denn ihre Waffen und Rüstungen wogen bis zu 130 kg.

Hartes Los

Auch in Europa mussten Pferde früher schwer arbeiten: In England wurden sie als Gruben-Ponys in Bergwerken eingesetzt. Und in den immer größer werdenden Städten zogen sie Pferdebahnen, Vorläufer unserer Straßenbahnen. Erst ab etwa Mitte des 19. Jahrhunderts verdrängten Maschinen die Pferde als Arbeitstiere.

Zum Fangen der Rinder benutzten die Cowboys ein Lasso.

Die ersten Straßenbahnen wurden im 19. Jahrhundert von Pferden gezogen.

Lies mal weiter! Seite 114, 120, 132

Nutzung des Pferdes heute

Heute werden Pferde weniger für harte Arbeiten, sondern eher für besondere Aufgaben eingesetzt.

Bei Polizei und Militär

So gibt es heute fast überall auf der Welt Polizeipferde. Berittene Polizisten werden dort hingeschickt, wo andere Verkehrsmittel nicht eingesetzt werden können: in Parks und Grünanlagen, aber auch bei Demonstrationen und Großveranstaltungen. Wichtig ist, dass die Pferde bei großen Menschenmengen und viel Verkehr ruhig bleiben. Auch beim Militär spielen Pferde eine

wichtige Rolle: Haflinger tragen zum Beispiel Waffen, Munition, Verpflegung und viele andere Güter der Gebirgsjäger (Soldaten) in schwer zugängliche Gelände.

Mit der Kutsche unterwegs

Fahrten mit der pferdebespannten Kutsche sind beliebt, auf dem Land ebenso wie in der Stadt. In Wien fahren die berühmten Fiaker Touristen zu den Sehenswürdigkeiten.

Bei Volksfesten ziehen Pferde die schweren Wagen der Bierbrauereien.

Polizeipferde brauchen eine gute Ausbildung, weil sie auch in Stresssituationen ruhig bleiben müssen.

Pferde ziehen im Wald
schwere Baumstämme.

Rückepferde

Auch bei der Waldarbeit sieht man
seit einiger Zeit wieder häufiger
Pferde. Sie richten am Waldboden
und an den Bäumen weniger
Schäden an als Maschinen. Diese
Pferde nennt man Rückepferde. Um
die schweren Baumstämme zu
ziehen, brauchen die Pferde viel
Kraft und Ausdauer. In einer
speziellen Ausbildung werden die
Rückepferde allmählich an das
Geschirr und das Ziehen von Lasten
gewöhnt.

**In ärmeren Ländern werden
auch heute noch Pferde in der
Landwirtschaft eingesetzt.**

Pferde bei der Landarbeit

Fast überall sind Pferde in der
Landwirtschaft durch moderne
Maschinen ersetzt worden. Nur
in den ärmeren Ländern – wie
zum Beispiel in Osteuropa –
spannt man sie noch heute
vor den Pflug oder Wagen.
Und in Gegenden mit viel Schnee
ziehen Pferde im Winter große
Schlitten mit Menschen oder trans-
portieren Güter.

Kaum zu glauben

Ein Arbeitspferd kann
bis zu zwei Tonnen,
also 2000 kg Gewicht
ziehen – das ist das
Dreifache seines
eigenen Gewichts!

**Haflinger sind robuste
Arbeitspferde und vor
allem im Gebirge gute
Helfer.**

Du entscheidest selbst:
- Wer sind die Kraftprotze unter
  den Pferden? ➡ Seite 100/101
- Was sucht Maiskeimöl im
  Pferdestall? ➡ Seite 108/109

Lies mal weiter!
Seite 98, 100, 118

Großfamilie Herde

An einer Wasserstelle trinkt zuerst das ranghöchste Tier, die anderen warten.

Pferde und Ponys sind gesellige Tiere: Ein Pferd, das allein gehalten wird, ist einsam und unglücklich.

Strenge Regeln

Wilde Pferde und Ponys leben in einer Herde. Für das Zusammenleben in dieser Großfamilie gelten bestimmte Regeln und eine Rangordnung. Der Leithengst führt die Herde an. Bei Gefahr folgen ihm alle. Die Leitstute ist das ranghöchste weibliche Tier.

Freunde und Partner

Pferde und Ponys teilen nicht nur ihren Lebensraum, sondern schließen auch Freundschaften. Meist sind es zwei oder drei Tiere, die Freunde werden. Pferde berühren sich häufig, begrüßen einander und helfen sich bei der Fellpflege.

Das Pferd lebt am liebsten in Gemeinschaft mit Artgenossen.

Rivalen und Rangordnung

Die Rangordnung innerhalb einer Herde ist nicht für alle Zeiten festgelegt. So kann ein Pferd innerhalb der Herde einen neuen Platz in der Rangordnung einnehmen. Oder es kommt ein neues Pferd dazu. Meist ist das ein junger Hengst, der Leithengst werden möchte.

Angelegte Ohren sind eine Drohgebärde.

Drohen und imponieren

Der Junghengst fordert den bisherigen Leithengst mit Drohgebärden und Imponiergehabe heraus: So zeigen die Hengste zum Beispiel ihre Schneidezähne, stellen sich auf die Hinterbeine, schubsen oder treten einander. Manchmal kommt es sogar zum Kampf zwischen den beiden Hengsten. Gewinnt der alte Leithengst, dann wird der junge Hengst in die Herde aufgenommen. Ist der Junghengst der Sieger, wird er normalerweise neuer Leithengst.

In Kampfspielen trainieren Junghengste ihre Stärke.

Der Verlierer macht Kaubewegungen mit dem Unterkiefer.

Du entscheidest selbst:
• Was nennt man beim Pferd „Abzeichen"? ➡ Seite 94/95
• Gehen Pferde in die Schule? ➡ Seite 118/119

Als Zeichen der Versöhnung berühren sich die Pferde mit den Köpfen.

Lies mal weiter!
Seite 90, 106, 116

Leben in der Familie

Innerhalb einer Herde gibt es kleinere Gruppen, die Harem genannt werden. Ein Harem ist sozusagen die Kleinfamilie der Pferde.

Wer gehört dazu?

Zu einem Harem gehören immer ein Hengst, ein oder zwei Stuten sowie ihre Fohlen und die ein- bis zweijährigen Jungtiere.

Kämpfe um die Stuten

Ein Hengst sucht sich Stuten aus und kämpft auch um sie. So versucht mancher Junghengst, dem Haremshengst eine seiner Stuten wegzunehmen. Manchmal schleichen sich die Junghengste auch in einen Harem ein, um einen alten oder kranken Haremshengst zu verdrängen. Gelingt ihm das, gewöhnen sich die Stuten im Allgemeinen schnell an ihren neuen „Beschützer". Es kann aber auch vorkommen, dass sie ihn ablehnen. Dann muss er sich einen neuen Harem suchen. Freundschaften zwischen den Pferden eines Familientrupps halten viele Jahre.

Eine größere Herde besteht aus mehreren kleineren Familien, den Harems.

Fohlen bleiben etwa zwei Jahre bei ihrer Familie.

Du entscheidest selbst:
• Wer war „Pliohippus"?
  ➡ Seite 76/77
• Was machen Rückepferde?
  ➡ Seite 80/81

Jungpferde im Harem

Der Haremshengst duldet seine Nachkommen etwa zwei Jahre in der Familie. Dann müssen die Jungtiere den Harem verlassen. Vor allem die jungen Hengste empfindet der Haremshengst als lästig.

Suche nach eigenem Harem

Die Junghengste begreifen schnell, dass sie nicht mehr erwünscht sind und nehmen Reißaus. Manchmal finden sich mehrere Junghengste zusammen und bleiben so lange in der Gruppe, bis sie Stuten finden und einen eigenen Harem gründen.

Zu einer Familie gehören:
▶ ein Haremshengst
▶ ein oder zwei Haremsstuten
▶ ihre Fohlen
▶ ihre ein- bis zweijährigen Jungpferde

Lies mal weiter!
Seite 84, 88, 108

Pferde-Kinderstube

Nur der Leithengst der Herde darf sich mit den Stuten paaren. Hengste sind dann drei bis vier Jahre alt. Stuten bekommen mit etwa zwei Jahren ihr erstes Fohlen.

„Rossig sein"

Stuten können sich nur an bestimmten Tagen fortpflanzen, nämlich wenn sie „rossig" sind. Das kommt alle drei bis vier Wochen vor und dauert ein paar Tage.

Paarung und Geburt

Eine rossige Stute ist bereit für die Paarung. Der Hengst bemerkt das an einem besonderen Geruch. Dann springt er von hinten auf die Stute und führt seinen Penis in ihre Scheide ein. Er „deckt" oder „belegt" die Stute. Pferdestuten tragen ihre Jungen etwa 336 Tage aus, das heißt, sie sind etwas mehr als elf Monate trächtig. Das Fohlen kommt mit den Vorderhufen voran auf die Welt.

Zwillingsgeburtstag im Gestüt Oberhof!

Oberhof / Heute ist auf Gestüt Oberhof ein besonderer Tag: Das Pferde-Zwillingspaar Lisa und Benny feiert seinen ersten Geburtstag! Die beiden Jungpferde sind gesund und munter, aber etwas kleiner als ihre Altersgenossen. Das Risiko bei einer Zwillingsgeburt ist sehr hoch, oft stirbt eines der Fohlen oder die Stute bei der Geburt. Renate Oberhof, die Besitzerin des Gestüts, ist deshalb auch sehr stolz auf ihre munteren Zwillinge.

Die ersten Stunden

Gleich nach der Geburt leckt die Stute ihr Fohlen trocken. Dadurch prägt sie sich seinen Geruch ein. Das Neugeborene versucht mit aller Kraft aufzustehen. Eine schwierige Aufgabe! Oft knicken Vorder- oder Hinterbeine wieder ein. Doch bereits 15 bis 40 Minuten nach der Geburt steht das Fohlen zum ersten Mal auf vier Beinen.

Kaum zu glauben

Die Geburt eines Fohlens dauert oft nicht einmal 20 Minuten!

Das Fohlen ist wenige Tage alt.

Auf staksigen Beinen zur Mutter

Wie alle Säugetiere werden Fohlen mit Muttermilch ernährt. Sobald das Fohlen auf seinen vier dünnen Beinchen stehen kann, sucht es nach den Zitzen seiner Mutter. Die erste Milch, die es trinkt, nennt man Kolostrum. Sie enthält wichtige Nährstoffe und schützt vor Krankheiten.

Lies mal weiter!
Seite 88, 96, 122

Vom Fohlen zum Pferd

Bereits nach wenigen Wochen ahmt das Fohlen die anderen Pferde nach und beginnt – neben der Muttermilch – zusätzlich Gräser, Halme und Kräuter zu fressen.

Geschwister und Freunde

Je größer und kräftiger das Fohlen wird, umso neugieriger wird es. Mehr und mehr werden andere Fohlen und Jungpferde zu Spielgefährten. Mit etwa fünf Monaten ist das Fohlen schon recht selbstständig. Auch sein Körper hat jetzt die Proportionen eines ausgewachsenen Pferdes und seine Hufe sind hart geworden.

Vom Fohlen zum Jährling

In freier Natur wird ein Fohlen etwa sechs Monate lang gesäugt. Dann wird es entwöhnt und darf nicht mehr bei der Mutter trinken. Zwar protestiert das Fohlen dagegen, doch vergeblich. Im Zuchtbetrieb werden die Fohlen in diesem Alter von der Mutter getrennt, man nennt sie Absatzfohlen. Für das Fohlen bedeutet dies das Ende der Kindheit.

Jungstuten und Junghengste

Nach dem ersten Geburtstag ist das junge Pferd kein Fohlen mehr, sondern ein Jährling.

Fohlen, die bei ihrer Mutter trinken, nennt man Saugfohlen.

Je älter die Fohlen sind, desto wichtiger werden für sie ihre Spielgefährten.

Jetzt zeigen sich auch deutliche Unterschiede zwischen Stuten und Hengsten: Während die jungen Stuten miteinander spielen, balgen die jungen Hengste viel wilder miteinander: Sie bäumen sich auf, schlagen mit Vorder- und Hinterbeinen aus und beißen einander spielerisch.

gewachsen ist es aber erst mit vier bis fünf Jahren. Bis dahin nennt man es Jungpferd. Pferde können 25 bis 30 Jahre alt werden, Ponys sogar 30 bis 35 Jahre.

So schlafen Fohlen am liebsten: flach auf dem Boden und alle viere von sich gestreckt.

Weitere Entwicklung

Im zweiten Lebensjahr wächst das junge Pferd oder Pony dann nur noch sehr langsam. Richtig aus-

Du entscheidest selbst:
- Was ist ein Offenstall?
  ➡ Seite 106/107
- Wann hat ein Reiter mit einem Zirkel zu tun? ➡ Seite 124/125

Kaum zu glauben
Ein Jährling grast 14 bis 18 Stunden am Tag!

Hallo Anna,
gestern war ich auf dem Ponyhof. Ben, das Fohlen vom letzten Jahr, ist schon richtig groß geworden! Er springt den ganzen Tag auf der Weide herum. Einmal wollte er wieder bei seiner Mutter trinken, aber sie hat ihn gleich weggeschubst und nach ihm geschnappt. Ben ist ja jetzt auch schon viel zu groß dafür. Bis bald, liebe Grüße von Tanja

An

Anna Schuster
Birkenstraße 10
35039 Marburg

Lies mal weiter!
Seite 76, 84, 130

Sprache und Sinne

Pferde verständigen sich durch Körpersprache. So nennt man die Signale, die sie mit dem Körper aussenden.

Berühren ist wichtig!

Auf Körperkontakt reagieren Pferde sehr empfindsam. Sie kraulen und liebkosen einander. Pferde genießen es, von Menschen gestreichelt oder geputzt zu werden.

Verschiedene Stimmungen

Entspannte Pferde haben ruhige Augen und entlasten oft ein Hinterbein. Wenn ein Pferd wachsam ist, hebt es Kopf und Schweif und richtet die Ohren nach vorne. Legt ein Pferd die Ohren an und schlägt mit dem Schweif, ist es ärgerlich. Dann sollte der Reiter Abstand halten! Ängstliche Pferde klemmen den Schweif zwischen die Hinterbeine. Natürlich geben Pferde auch Laute von sich: sie wiehern, schnauben oder brummeln. Doch diese Laute sind für uns Menschen weniger eindeutig als die Körpersprache.

Aufgestellte Ohren bedeuten: Ich bin wachsam und interessiert.

Wenn Pferde einander begrüßen, berühren sie sich mit den Nüstern.

Angelegte Ohren bedeuten: Ich bin ärgerlich oder zornig.

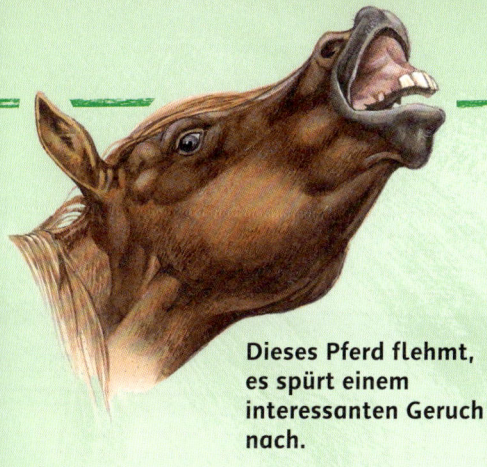

Dieses Pferd flehmt, es spürt einem interessanten Geruch nach.

Riechen
▸ sehr gut entwickelt
▸ wittern Gerüche von weitem
▸ erkennen andere Pferde am Kot oder Urin

Schmecken
▸ Geschmackssinn sehr ausgeprägt
▸ sind Feinschmecker
▸ Vorliebe für süß-lichen Geschmack

Hören
▸ sehr empfindliche Ohren
▸ hören auch leise Geräusche
▸ Stimmungsanzeiger

Sehen
▸ wichtigstes Sinnes-organ: Auge
▸ sehen auch nachts gut
▸ Vorsicht: toter Winkel!

Fühlen
▸ sehr empfindsame Körperoberfläche
▸ genießen Berührungen
▸ Tasthaare an Unter- und Ober-lippe

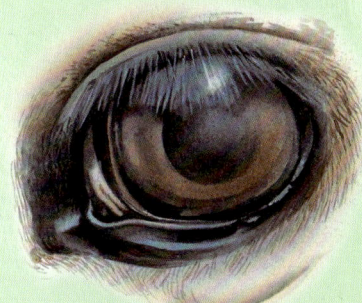

Kaum zu glauben
Nachts sehen Pferde besser als Menschen!

Der wichtigste Sinn

Die Augen sind das wichtigste Sin-nesorgan der Pferde. Da sie seitlich am Kopf liegen, haben Pferde ein sehr weites Blickfeld. Um zu sehen, was hinter ihnen passiert, müssen sie allerdings den Kopf drehen. Diesen Bereich nennt man „toten Winkel". Deshalb sollte man sich einem Pferd nie von hinten nähern, es könnte erschrecken.

Die anderen Sinne

Der Geruchssinn ist deutlich ausge-prägt: Pferde wittern einander schon von weitem und können sogar Gift-pflanzen erkennen. Sie hören auch sehr gut: Ihre beweglichen Ohren nehmen jedes Geräusch wahr und spielen bei der Orientierung eine wichtige Rolle. Und mit den Tast-haaren an Unter- und Oberlippe können Pferde leicht ihre nahe Umgebung ertasten.

Am hinteren Ende des Körpers haben Pferde einen „toten Winkel".

Teste dein Wissen!
Welches Sinnesorgan ist für Pferde am wichtigsten?
(Auge)

Lies mal weiter!
Seite 80, 86, 106

Wie unterscheiden sich Pferde?

Die über 200 verschiedenen Pferde- und Pony-rassen sind im Laufe der Jahrhunderte durch Anpassung an die natürlichen Lebensbedin-gungen, aber auch durch Zucht entstanden. Die Rassen unterscheiden sich äußerlich durch Größe, Gewicht und Körperbau, aber auch durch ihr Verhalten und ihr Temperament.

Körperbau und Haarfarbe

Teste dein Wissen!

Wo misst man die Größe beim Pferd?

(Widerrist)

Alle Pferde und Ponys, so unterschiedlich sie auch aussehen, weisen wichtige Gemeinsamkeiten beim Körperbau auf.

Knochen und Muskeln

Pferde sind Wirbeltiere. Ihr Skelett besteht aus rund 200 Knochen. Durch ihre etwa 520 Muskeln, Sehnen und Gelenke sind sie sehr beweglich.

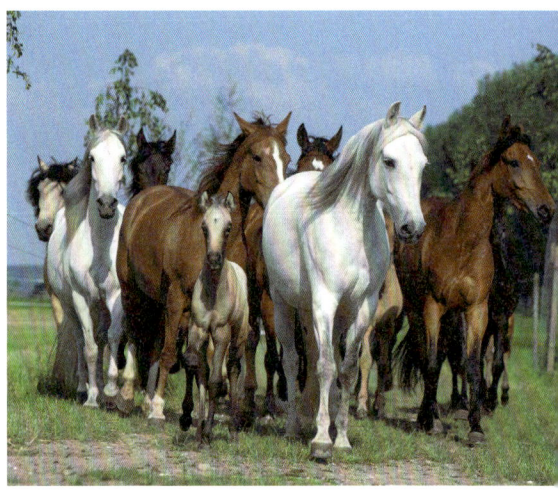

Pferde gibt es in verschiedenen Farben und Größen, doch sie sind alle miteinander verwandt.

Das Exterieur eines Pferdes:

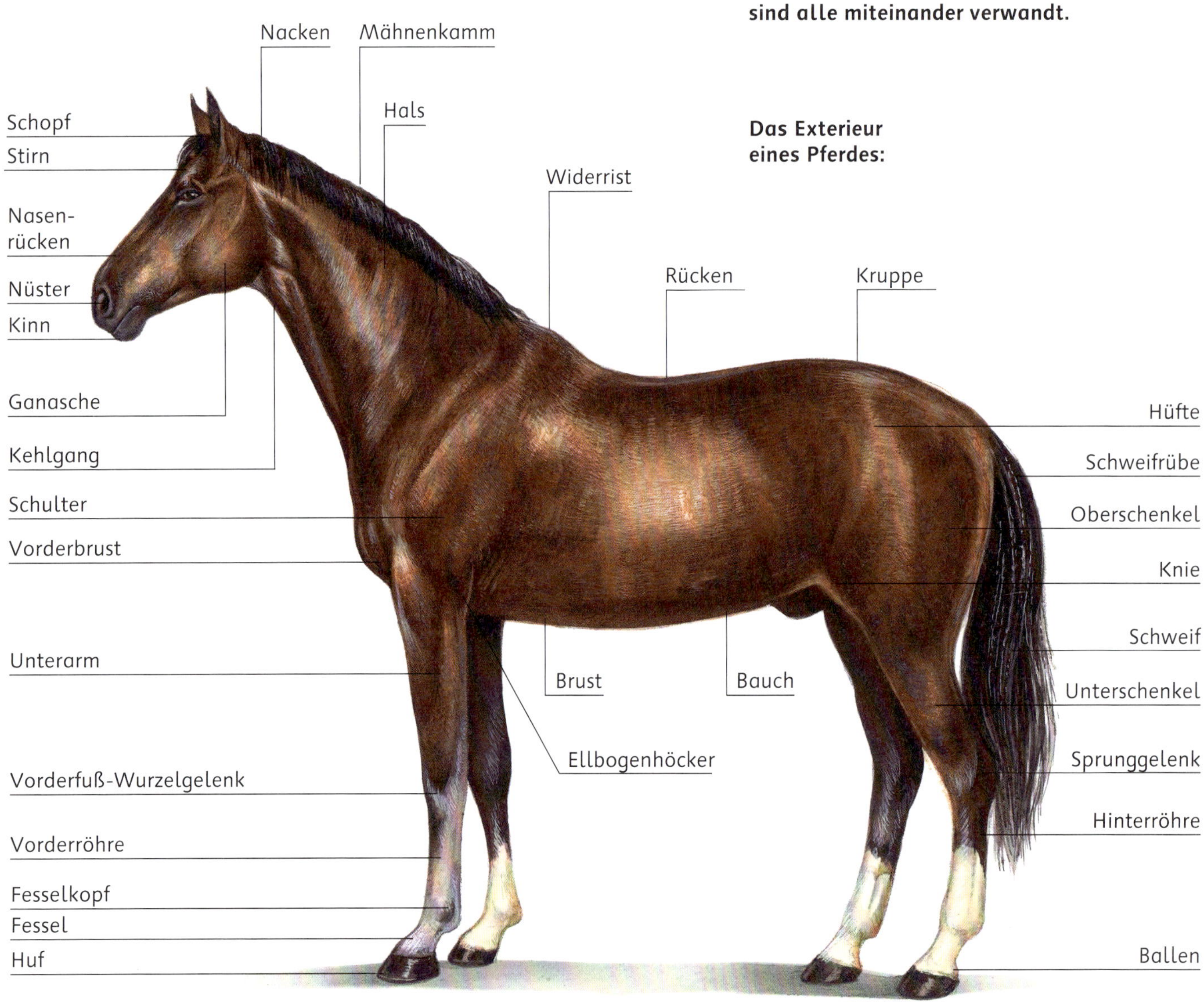
Nacken
Mähnenkamm
Hals
Schopf
Stirn
Widerrist
Nasenrücken
Rücken
Kruppe
Nüster
Kinn
Ganasche
Hüfte
Kehlgang
Schweifrübe
Schulter
Oberschenkel
Vorderbrust
Knie
Schweif
Unterarm
Brust
Bauch
Unterschenkel
Ellbogenhöcker
Sprunggelenk
Vorderfuß-Wurzelgelenk
Hinterröhre
Vorderröhre
Fesselkopf
Fessel
Huf
Ballen

Exterieur und Stockmaß

In der Fachsprache heißt das äußere Erscheinungsbild eines Pferdes Exterieur: Dabei spielen der Körperbau insgesamt und die Körperproportionen eine Rolle. Das Stockmaß gibt die Größe an: Man misst dafür mit einem Stock die Widerristhöhe des Pferdes.

Körperhaar und Langhaar

Das Pferdefell besteht aus kurzen Körperhaaren und dem Langhaar von Mähne, Schopf und Schweif. Die Natur hat Pferde und Ponys gut für das Leben im Freien ausgestattet: Im Winter haben sie ein dichteres Fell, das sie vor Kälte und Nässe schützt. Im Frühling wird es abgestoßen – ein kurzes, glänzendes Sommerfell wächst nach. Regelmäßige Fellpflege ist für Pferde sehr wichtig.

Häufige Farben

Brauner: bräunlich-rotbraunes Fell, schwarzes Langhaar
Falbe: hellbraunes Fell, schwarzes Langhaar
Fuchs: bräunliches Fell, braunes oder helleres Langhaar
Isabelle: cremefarbenes Fell und Langhaar
Rappe: schwarzes Fell und Langhaar
Schimmel: hellgrau-weißes Fell und Langhaar

Farben bei Wild- und Zuchtpferden

Ursprünglich war das Fell wild lebender Pferde farblich an die natürliche Umgebung angepasst. So waren sie besser getarnt und vor Feinden geschützt. Durch die Pferdezucht wurden unterschiedliche Pferde miteinander gekreuzt – es entstand eine Vielfalt an Fellfarben und Zeichnungen: von schwarz bis weiß, braun bis cremefarben, mit heller oder dunkler Mähne.

Abzeichen

Sehr viele Pferde haben keine durchgehende Farbe, sondern zusätzlich anders gefärbte Körperstellen, meist am Kopf oder an den Beinen. Man nennt sie Abzeichen. Manche treten so häufig auf, dass man ihnen sogar eigene Namen gegeben hat.

Verschiedene Abzeichen

Flocke

Blesse

Milchmaul

Kaum zu glauben
Einen nach oben gewölbten Pferderücken nennt man Karpfenrücken!

Lies mal weiter!
Seite 98, 102, 110

Pferdetypen und Rassen

Die verschiedenen Pferde- und Ponyrassen sind im Laufe der Zeit durch natürliche Auswahl und durch Züchtung entstanden.

Große Vielfalt

Die Pferde und Ponys unterscheiden sich in Größe, Gewicht, Kraft und Temperament sowie im Charakter. Leichtgewichte sind die Shetland-Ponys mit etwa 190 Kilogramm, während ein großes Kaltblut bis zu 1200 Kilogramm wiegt.

Vier Hauptgruppen

Zur besseren Übersicht teilt man die Pferderassen in vier Hauptgruppen ein: Vollblüter, Warmblüter und Kaltblüter und die Gruppe der Ponys und Kleinpferde. Diese Einteilung erfolgte nach Körperbau und Tem-

perament und hat nichts mit der Temperatur des Blutes zu tun! Kreuzt man die Gruppen, entstehen sogenannte Halbblüter.

Verschiedene Pferdetypen

Vollblüter sind schnelle, elegante Pferde. Bekannte Rassen sind Vollblutaraber und Englische Vollblutpferde. Durch Mischung verschiedener Rassen entstanden Warmblüter, wie Hannoveraner, Holsteiner und Trakehner. Als Kaltblüter bezeichnet man schwere, große, leistungsstarke Arbeitspferde wie Ardenner und Belgier. Ponys und Kleinpferde sind beliebte Reitpferde bei Kindern und Jugendlichen. Bekannte Rassen sind Haflinger, Shetland-Ponys und Island-Ponys.

Bei den Großpferden unterscheidet man kräftige Kaltblüter, mittelschwere Warmblüter und schnelle Vollblüter.

Vollblüter
▶ Stockmaß:
145 bis 170 cm
▶ Temperament:
lebhaft, schnell
▶ Verwendung:
Galopprennen

Warmblüter
▶ Stockmaß:
162 bis 175 cm
▶ Temperament:
eher lebhaft, viel-
seitig einsetzbar
▶ Verwendung: Dres-
sur, Springreiten

Kaltblüter
▶ Stockmaß:
155 bis 195 cm
▶ Temperament:
ruhig, gelassen
▶ Verwendung:
Arbeitspferde

Ponys und Kleinpferde
▶ Stockmaß: 70 bis
147,3 cm
▶ Temperament:
freundlich, robust
▶ Verwendung: Reit-
und Zugpferde

Du entscheidest selbst:
• Wer reitet mit Zylin-
der auf dem Kopf?
➡ Seite 116/117
• Welche Wildpferde
leben heute noch?
➡ Seite 106/107

Bei Ponys und Klein-
pferden sind die
Haflinger besonders
verbreitet.

Lies mal weiter!
Seite 84, 100, 128

Voll- und Warmblüter

Die meisten unserer modernen Freizeit- und Reitpferde sind Voll- und Warmblüter.

Vollblüter

Vollblüter sind besonders schnelle und elegante Tiere und ideale Rennpferde. Sie sind die älteste Pferderasse der Welt. Das Arabische Vollblut gilt als Vorfahre aller anderen Vollblüter. Vermutlich wurden diese Pferde bereits im 7. Jahrhundert auf der arabischen Halbinsel gezüchtet.

Edler Araber

Durch strenge Zuchtvorgaben und harte Auslese haben sich die Araber ein sehr typisches Erscheinungsbild bewahrt: Es sind schlanke Pferde mit kleinem Kopf, schön gewölbtem Hals sowie großen Augen und Nüstern. Araber sind anhänglich und ausdauernd, sie passen sich hervorragend an ihre Umwelt an. Araberpferde werden dank ihrer besonderen Eigenschaften häufig zur Veredelung anderer Rassen eingesetzt. So entstand zum Beispiel das Englische Vollblut.

Kaum zu glauben

Die Zucht der Araber geht auf den Propheten Mohammed zurück: Fünf seiner Stuten sollen die Vorfahren aller Arabischen Vollblüter sein.

Typisch für den Araber ist, dass er seinen Schweif beim Laufen wie eine Fahne trägt.

Warmblüter

Warmblüter sind eine Mischung aus robusten Kaltblutpferden mit Englischen Vollblütern und Halbbluthengsten. Die Rasse wurde im 18. und 19. Jahrhundert in Europa gezüchtet. Im Laufe der Zeit entwickelte sich ein leichtes bis mittelschweres Sport- und Freizeitpferd.

Trakehner und Lipizzaner

Ein in Deutschland beliebtes Warmblut ist der Trakehner, ein genügsames, temperamentvolles Pferd. Berühmt sind auch die Lipizzaner, die ab dem 18. Jahrhundert gezüchtet wurden. In der Spanischen Hofreitschule in Wien kann man sie noch heute bei ihrer anspruchsvollen Dressurarbeit beobachten.

Spanische Hofreitschule Wien

Neues Programm!

Erleben Sie 45 spannende Minuten in der Welt der Lipizzaner und ihrer Reiter.

Tolle Hintergrundinformationen über Ausbildung und Arbeit der berühmten weißen Pferde. Nehmen Sie teil an den Stationen, die vom „Eleven" zum Oberbereiter führen und vom jungen Pferd zum bewunderten Schulhengst der Spanischen Hofreitschule in Wien!

Ein schwarzer Hengst beim Training

Teste dein Wissen!

Wie heißen die Pferde der Spanischen Hofreitschule?

(Lipizzaner)

Lies mal weiter!
Seite 94, 106, 128

Kaltblüter

Kaltblutpferde haben ein ruhiges, ausgeglichenes Wesen, dem selbst Trubel nichts anhaben kann. Das unterscheidet sie von den lebhafteren und nervöseren Warm- und Vollblütern. Kaltblüter sind die Kraftprotze unter den Pferden.

Aussehen

Kaltblüter sind große, massige Pferde, die ursprünglich vom nordischen Wildpferd abstammen. Sie

Bereits die alten Römer schätzten das Ardenner Kaltblut wegen seiner Ausdauer.

haben einen schweren Kopf mit einem kurzen Hals, eine dichte Mähne und grobes Langhaar. Ihre Beine sind kräftig, mit großen Hufen. Die Hufe sind von langen Haaren, dem Kötenbehang, bedeckt.

In Wintersportorten werden oft Fahrten mit dem Pferdeschlitten angeboten. Mühelos ziehen Kaltblüter diese großen Schlitten.

Der Riese unter den Pferden

Das englische Kaltblut Shire-Horse ist mit 175 bis 200 Zentimeter Stockmaß und über 1000 Kilogramm Gewicht das größte Pferd der Welt!
In Deutschland sind das Rheinisch-Deutsche Kaltblut und der Schwarzwälder Fuchs beliebt.

1. September

Heute waren wir den ganzen Tag im Wendelsteingebirge unterwegs. Das war ziemlich anstrengend. Zum Glück sind wir zum Schluss mit einer Kutsche gefahren. Zwei Pferde haben sechs Leute gezogen. Das muss ganz schön schwer sein! Der Kutscher erzählte uns viel von den Kaltblütern. Nach den Indischen Elefanten sind es die stärksten Arbeitstiere der Welt.

Einst weit verbreitet

Im 19. Jahrhundert waren Kaltblutrassen wie Shire-Horse und Belgier beliebte Arbeitspferde in Landwirtschaft und Industrie. Die Menschen schätzten vor allem ihr enormes Leistungsvermögen und ihre Gutmütigkeit. Doch ab Mitte des 20. Jahrhunderts wurden sie zunehmend von Maschinen verdrängt.

Heute eher selten

Heute werden Kaltblüter meist nur noch zu besonderen Gelegenheiten als Arbeitspferde eingesetzt. So zum Beispiel in der Forstwirtschaft, wenn die Nutzung schwerer Maschinen nicht möglich oder unerwünscht ist. Außerdem sieht man sie als Zugpferde von Brauereiwagen und prächtig aufgeputzt bei Festzügen. Viele Menschen schätzen diese treuen und ausdauernden Pferde auch als Freizeit- und Familienpferde. Kaltblüter sind viel robuster als andere Pferde. Was sie gar nicht mögen, ist Boxenhaltung. Sie wollen lieber das ganze Jahr auf der Koppel stehen.

Der Bretone zählt in Frankreich zu den beliebtesten Kaltblutpferden.

Teste dein Wissen!
Wie heißt das größte Pferd der Welt?
(Shire-Horse)

Lies mal weiter!
Seite 80, 90, 110

Ponys und Kleinpferde

Von den Großpferden unterscheidet man die kleinwüchsigen Pferderassen der Ponys und Kleinpferde. Zu ihnen zählen alle Pferde mit weniger als 147,3 Zentimeter Stockmaß.

Wildponys und Wildpferde

Ponys und Kleinpferde stammen von kleinen Wildpferden aus dem Norden ab. Manche leben noch heute in freier Natur: Camargue-Pferde in Frankreich, Dartmoor-Ponys in England, Dülmener Wildpferde in Deutschland.

Aussehen

Ponys und Kleinpferde haben einen kräftigen Körperbau mit relativ kurzen Beinen, einen markanten Kopf und oft auch ein zotteliges Fell. Sie sind charakterstarke Pferde, manchmal auch etwas stur. Bezogen auf Haltung und Fütterung sind sie anspruchsloser und genügsamer als ihre großen Verwandten.

Beliebt bei Kindern

Das Shetland-Pony ist ein begehrtes Reitpferd bei Kindern. Das kräftige Pony zieht aber auch Kutschen oder Schlitten. Die Tiere stammen von den Shetland-Inseln und sind durch das raue Klima sehr widerstandsfähig. Ähnlich robust ist das Fjordpferd, das auch Norweger-Pony genannt wird. Typisch für diese alte Rasse sind die zweifarbige Mähne und der Aalstrich auf dem Rücken.

Ponys fühlen sich auf der Weide und in Gesellschaft am wohlsten.

„Echte" Ponys sind:
Shetland-Pony
Exmoor-Pony
Dartmoor-Pony

Kleinpferde sind:
Haflinger
Camargue-Pferd
Fjord-Pferd

Großpferde sind:
Hannoveraner
Friese
Araber

Stockmaß: 105 cm | 147,3 cm | darüber

Shetland-Ponys sind zwischen 87 und 107 cm groß.

Haflinger sind mit 135 bis 147,3 cm Kleinpferde.

Hannoveraner zählen mit 162 bis 175 cm zu den Großpferden.

Kleinpferde

Die häufigste Kleinpferdrasse sind die Haflinger, die wegen ihres goldenen Fells und ihres hellen Langhaars auch die „Blonden" aus dem Süden heißen. Sie kommen aus Südtirol, wo sie als Arbeitspferde im Gebirge geschätzt wurden. Mittlerweile sind sie beliebte Freizeitpferde.

Haflingern wird ein etwas sturer Charakter nachgesagt. Deshalb ist gute Erziehung sehr wichtig.

Du entscheidest selbst:
• Wer arbeitete früher im Bergwerk? ➡ Seite 78/79
• Was ist ein Derby?
➡ Seite 132/133

Lies mal weiter!
Seite 76, 86, 112

Alltag der Pferde

Pferde brauchen ausreichend Bewegung, ausgewogenes Futter und die Gesellschaft von anderen Pferden. Außerdem müssen sie sorgfältig gepflegt und regelmäßig vom Tierarzt und Hufschmied behandelt werden. Eines sollte man nicht vergessen: Pferde brauchen auch ihre Streicheleinheiten!

Die meisten Pferde und Ponys leben als Freizeit- und Reitpferde unter der Obhut des Menschen.

In freier Wildbahn

In einigen Teilen der Welt gibt es noch wild oder halb wild lebende Pferdeherden.
Die Bestände nehmen aber immer mehr ab, da sie eingefangen und gezähmt werden. Außerdem gibt es immer weniger freien Lebensraum, wo sie ungestört grasen und galoppieren können.

Robusthaltung

Viele Pferdehalter versuchen aber, ihren Pferden und Ponys eine möglichst natürliche Lebensweise zu bieten: Die Tiere sind das ganze Jahr über im Freien. Diese Art der Pferdehaltung nennt man Robusthaltung. Auf einer Weide können Pferde grasen, schlafen und sich bewegen, wann und wie sie mögen! Die Weide muss groß sein und ausreichend Futter sowie Wasser bieten. Auch ein Unterstand, ein Offenstall, sollte vorhanden sein, unter dem die Pferde vor Sonne oder starkem Regen Schutz finden.

Wild lebende Pferde und Ponys

Brumbys: Australien
Camargue-Pferde: Frankreich
Dülmener Wildpferde: Deutschland
Exmoor- und Dartmoor-Ponys: England
Islandpferde: Island
Mustangs: USA
New Forest-Pony: England

Dülmener Wildpferde haben häufig einen Aalstrich auf dem Rücken, manchmal auch Zebrastreifen.

Alle Camargue-Pferde sind weiß: Die helle Farbe schützt sie im heißen Sommer vor Insekten.

Wie sollten Pferde untergebracht sein?

Interview mit Herrn Hinrich

Munsfeld / Das Pferdegestüt in Munsfeld ähnelt einer Großbaustelle – neue Ställe werden gebaut. Unsere Jungredakteurin Ria sprach mit dem Leiter des Gestüts, Herrn Hinrich.

Wie soll ein Pferdestall aussehen?

Herr Hinrich: Er muss groß, hell, trocken und sauber sein. Frische Luft ist ganz wichtig. Deshalb sollte jeder Stall auch ein Fenster haben.

Braucht jedes Pferd eine eigene Box?

Herr Hinrich: Nicht unbedingt. Wichtig ist, dass es genug Platz hat, um sich zu bewegen.

Und wie sehen Ihre neuen Ställe aus?

Herr Hinrich: Unsere neuen Offenställe auf den Weiden geben den Pferden die Freiheit, selbst zu entscheiden, wo sie sich aufhalten wollen. Und in den geräumigen Laufställen können sie sich frei bewegen und finden alles vor, was sie für ein naturnahes Leben brauchen.

Vielen Dank für das Gespräch, Herr Hinrich.

Teste dein Wissen!

Wie nennt man es, wenn Pferde das ganze Jahr über draußen sind?

(Robusthaltung)

In einem großzügigen Laufstall fühlen sich Pferde wohl, weil sie mit Artgenossen zusammen sind.

Der Pferdestall

Werden Pferde und Ponys dagegen im Stall gehalten, muss dieser groß genug sein: Für ein Großpferd etwa 9 Quadratmeter, für ein Pony 5 bis 7 Quadratmeter. Das Holz für den Stall muss bissfest und stabil sein. Außerdem ist es wichtig, dass der Stallboden dick mit Stroh bedeckt ist. Das schützt die Pferde vor Kälte und Verletzungen. Einmal täglich muss ausgemistet werden, weil die Tiere sonst erkranken können. Wichtig ist auch ausreichend frische Luft und Stalltemperaturen, die etwa den Außentemperaturen entsprechen. Futterkrippen in der richtigen Höhe sowie frisches Wasser sind selbstverständlich. Ideal ist eine Selbsttränke.

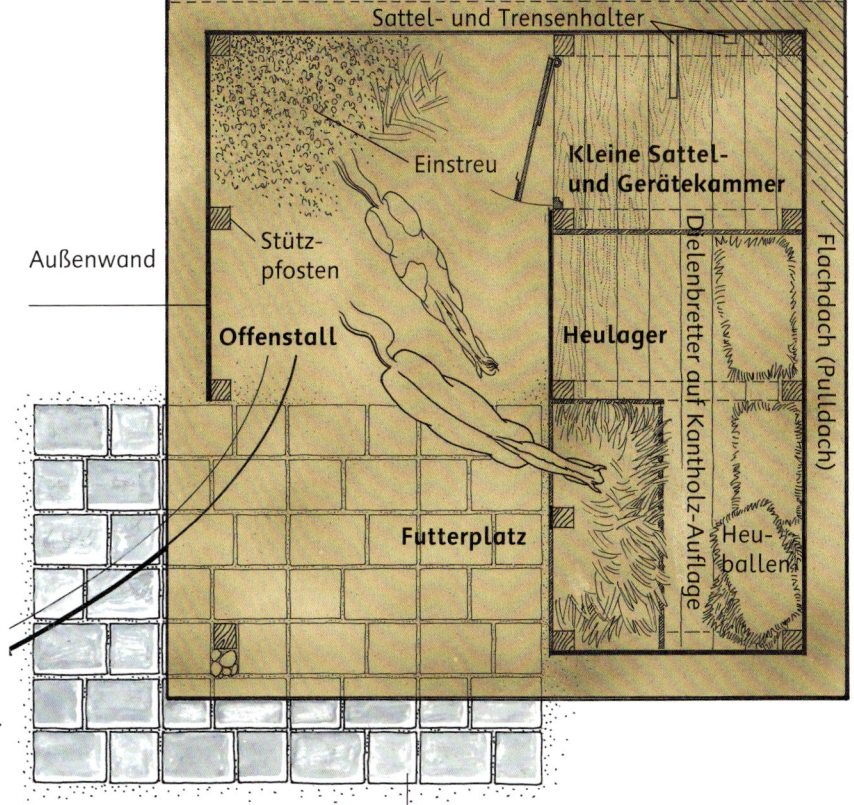

Sattel- und Trensenhalter

Einstreu

Kleine Sattel- und Gerätekammer

Außenwand

Stützpfosten

Offenstall

Heulager

Dielenbretter auf Kantholz-Auflage

Flachdach (Pultdach)

Futterplatz

Heuballen

Platten mit rauer Oberfläche

Bei Haltung in einem Offenstall können die Pferde oder Ponys jederzeit auf die Weide gehen.

Lies mal weiter!
Seite 82, 102, 110

Versorgung der Pferde

Kaum zu glauben

Ein 350 kg schweres Pony frisst pro Tag etwa 7 kg Futter und trinkt etwa 25 l Wasser!

Pferde und Ponys auf der Weide grasen von frühmorgens bis spätabends. Warum tun sie das?

Kleine Mengen

Pferde haben einen verhältnismäßig kleinen Magen, deshalb können sie nur geringe Futtermengen auf einmal zu sich nehmen. Werden sie gefüttert, sind fünf Mahlzeiten am Tag ideal, das Minimum sind zwei bis drei. Wichtig ist, dass Pferde in Ruhe fressen können und gut kauen, denn

wenn sie schlingen, bekommen sie Bauchschmerzen, sogenannte Koliken.

Grundfuttermittel

Auf der Weide fressen Pferde Gras, Blätter und Kräuter, im Stall und im Winter getrocknetes Gras, das Heu. Beides zählt zum Grundfutter für Pferde, denn Heu und Gras sind leicht verdaulich. Das ausgiebige Knabbern daran ist außerdem ein beliebter Zeitvertreib.

Ausgewogenes Futter besteht aus Gras und Heu, Getreide und Fertigfutter. Salzsteine liefern Mineralstoffe.

Salz-stein

Tränke

Pellets, Maisflakes und Getreide nennt man Kraftfutter.

Teste dein Wissen!

Wie heißt gepresstes Pferdefutter?

(Pellets)

Winter-Speiseplan für Reitponys:

5 Mahlzeiten = 7 kg Futter:
• Heu
• Pellets
• Maisflakes
• Apfel- und Karottenstückchen
• 1 bis 2 Esslöffel Maiskeimöl
Und etwa 25 l frisches Wasser!

Vielfalt beim Futter

Die meisten Pferde bekommen neben dem Grundfutter noch andere Futtersorten: Kraftfutter, verschiedene Getreidesorten oder Mischfutter wie Flocken und Pellets. Pellets sind gepresstes Pferdefutter und bestehen aus Getreide und anderen pflanzlichen Produkten. Saftfutter wie Apfel- und Karottenstückchen ergänzen das Angebot. Für Mineralstoffe und Vitamine sorgen Lecksteine sowie ein Schuss Maiskeimöl.

Die Futtermenge für ein Pferd hängt von seinem Alter und seiner Größe ab und wie viel es arbeitet oder geritten wird.

Wasser

Das allerwichtigste Futtermittel ist sauberes, klares Wasser. Am besten ist es, wenn das Pferd den ganzen Tag immer wieder trinken kann, entweder aus einer Selbsttränke oder einem Eimer, der täglich mehrmals neu gefüllt wird. Ein ausgewachsenes Pferd trinkt am Tag 20 bis 30 Liter Wasser, bei Hitze oder stärkerer Belastung deutlich mehr.

Lies mal weiter!
Seite 76, 98, 126

**Das gehört in
die Pferdebox:**

 Wurzel-
bürste

 Gummi-
striegel

 Mähnen-
kamm

 zwei
Schwämme

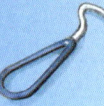 Hufkratzer

 Huffett

 weiches
Tuch

Pferde und Ponys, die überwiegend draußen leben, sorgen selbst für ihre Körperpflege, Stallpferde müssen sorgfältig durch den Menschen gepflegt werden. Beim Putzen des Pferdes wird viel Staub aufgewirbelt. Deshalb sollte man sein Pferd möglichst draußen putzen.

Robust gehaltene Pferde

Auf der Weide lebende Pferde wälzen sich auf dem Boden, scheuern sich gerne an Bäumen oder beknabbern sich liebevoll gegenseitig. So befreien sie ihr Fell von Schmutz, losen Haaren und Ungeziefer. Sie brauchen nur wenig zusätzliche Pflege durch den Menschen: Es reicht, wenn man sie vor dem Reiten leicht abbürstet und die Hufe reinigt.

Pflege von Stallpferden

Werden Pferde oder Ponys dagegen überwiegend im Stall gehalten oder sehr intensiv geritten, dann ist eine tägliche Körperpflege nötig – und zwar vor und nach dem Reiten.

Richtige Pflege

Die Pferdepflege beginnt auf der linken Seite. Man striegelt vom Kopf über den Körper bis zum Schweif. Dann wechselt man auf die rechte Seite. Anschließend bürstet man das Fell in Fellrichtung mit einer groben Wurzelbürste. Die Kardätsche gibt dem Fell seinen Glanz!

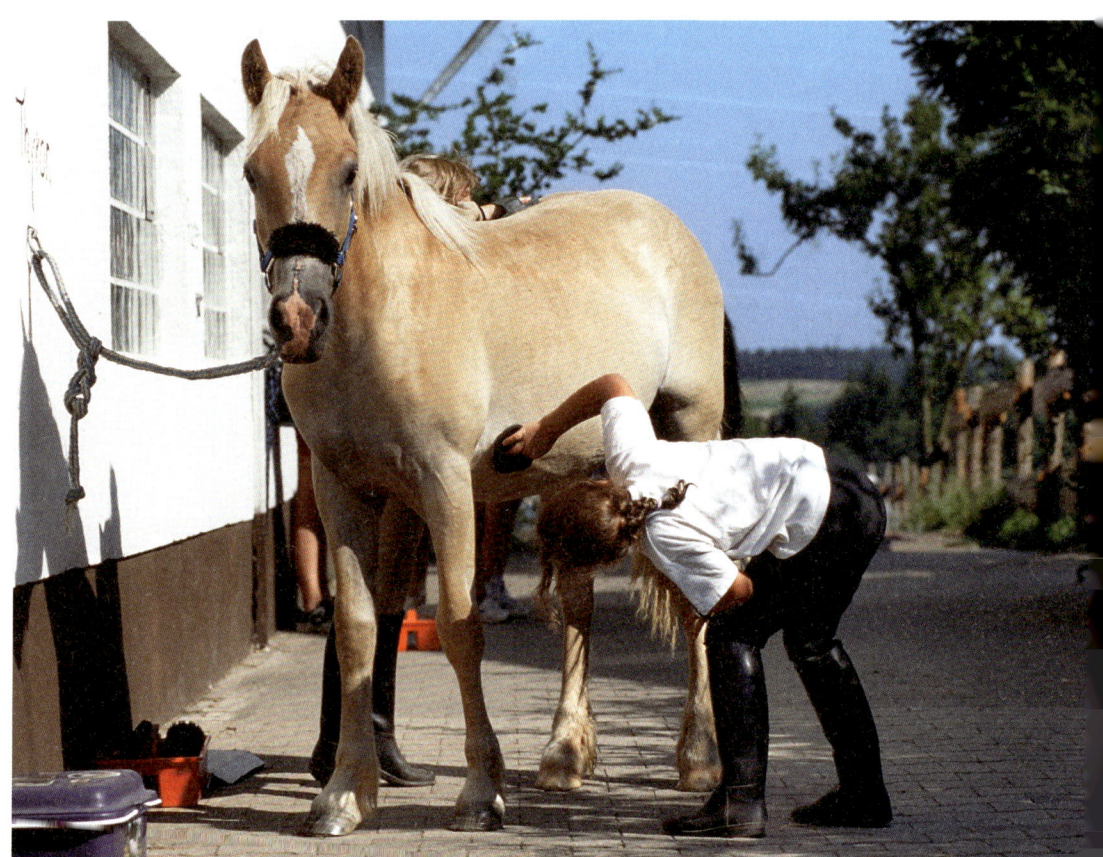

Beim Striegeln entfernt man mit kreisenden Bewegungen groben Schmutz aus dem Pferdefell.

Kopf und Geschlechtsteile

Das Langhaar wird mit der Bürste und danach mit dem Mähnenkamm geordnet, während die Schweifhaare nur gebürstet werden. Mit einem feuchten Schwamm wischt man vorsichtig über die empfindlichen Nüstern und Augen. After und Geschlechtsteile putzt man mit einem anderen Schwamm.

Vor und nach dem Reiten müssen die Hufe ausgekratzt werden.

Der Hufschmied kürzt regelmäßig die nachgewachsenen Hufe.

Hufpflege

Die Hufe werden mit dem Hufkratzer ausgekratzt und – falls nötig – mit der Wurzelbürste gebürstet. Stallpferden sollte man hin und wieder die Hufe einfetten, um sie vor dem Austrocknen und vor Fäulnis zu schützen.

Du entscheidest selbst:
• Wozu gehört ein Vorderzwiesel? ➡ Seite 114/115
• Was ist ein losgelassenes Pferd? ➡ Seite 118/119

An Augen und Nüstern sind Pferde sehr empfindlich – man reinigt sie vorsichtig mit einem feuchten Schwamm.

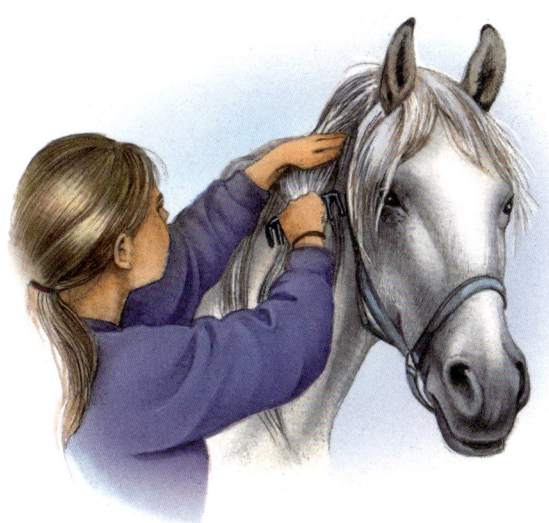

Für Turniere und besondere Wettbewerbe wird die Mähne geflochten.

Lies mal weiter!
Seite 114, 124, 132

Rund ums Reiten

Reiten lernen ist gar nicht so schwer und macht außerdem
jede Menge Spaß! Wichtig sind die passende Ausrüstung
für Pferd und Reiter, gut ausgebildete Schulpferde und ein
erfahrener Reitlehrer, der den Schülern die Grundlagen
des Reitsports beibringt. Doch bei aller Technik, die man in
der Reitschule lernt, darf man nie vergessen: Pferde sind
Lebewesen, denen man mit Respekt und Zuneigung begegnen
soll. Nur so wird aus Pferd und Reiter ein gutes Team!

Ausrüstung für das Pferd

Genickstück

Stirnriemen

Kehlriemen

Backenstück

Nasen-
riemen

Gebiss

Zügel

Zaumzeug

Das Zaumzeug ist ein Geschirr aus Leder und Metall, das dem Pferd über den Kopf gezogen wird. Dazu gehören Kopfstück und Zügel. Meist wird dem Pferd gleichzeitig ein Gebiss aus Metall, Leder oder Gummi ins Maul geschoben. Die häufigsten Gebisse sind Trensen und Kandaren.

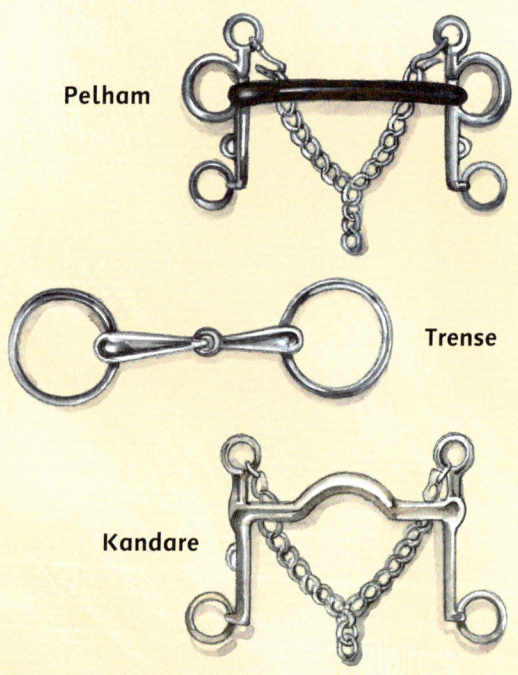

Pelham

Trense

Kandare

Die Grundausstattung für ein Reit-pferd besteht aus Halfter, Zaumzeug und Sattel. Pferde lernen schon als Fohlen, ein Halfter zu tragen und sich führen zu lassen.

Stallhalfter

Um ein Pferd oder Pony an der Hand zu führen oder anzubinden, benutzt man ein einfaches Halfter mit einem Strick. Stallhalfter gibt es aus ver-schiedenen Materialien. Manche sind mit Fell verstärkt, um den Kopf des Pferdes zu schützen.

Wie lenkt man das Pferd?

Gelenkt wird mit den Zügeln des Zaumzeugs, die aus Leder oder Gurt-stoff sind. Sie übertragen den Druck auf das Gebiss im Maul. Deshalb darf man nicht zu stark daran ziehen, sonst tut man dem Pferd weh. Auch über den Schenkeldruck dirigiert man das Pferd. Soll es zum Beispiel nach links gehen, übt man mit dem linken Schenkel einen leichten Druck aus.

Vielseitigkeitssattel

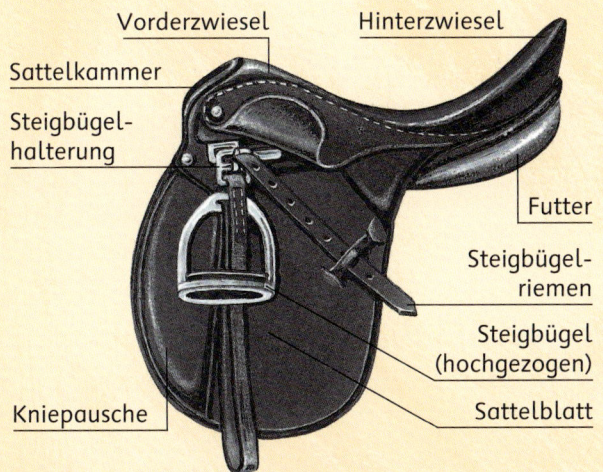

Vorderzwiesel

Hinterzwiesel

Sattelkammer

Steigbügel-
halterung

Futter

Steigbügel-
riemen

Steigbügel
(hochgezogen)

Kniepausche

Sattelblatt

Unter den Sattel legt man eine Satteldecke, sie schützt ihn vor Schweiß und Staub. Damit der Sattel nicht verrutscht, wird er mit Sattelgurten befestigt. Die Steigbügel erleichtern das Auf und Absteigen und stützen die Beine beim Reiten.

Teste dein Wissen!

Was wird unter den Sattel gelegt?

(Satteldecke)

Sattel und Steigbügel

Der Sattel muss gut sitzen, sonst bilden sich Druck- und Scheuerstellen und das Pferd bekommt Rücken-schmerzen. Es gibt verschiedene Sattelarten, je nach Reitsport. Am häufigsten ist der Vielseitigkeits-sattel. Dressur-, Spring- und Western-reiter benutzen Spezialsättel.

Kaum zu glauben

Bis Anfang des 20. Jahrhunderts trugen die Frauen beim Reiten einen langen Rock.

Berufe im Wandel der Zeit – heute: Der Sattler

Im 19. Jahrhundert waren Pferde in der Land- und Forstwirtschaft als Zug- und Arbeitstiere unentbehrlich. Doch mit der Erfindung des Traktors und anderer Maschinen gehörten sie plötzlich zum alten Eisen. Das wirkte sich auch auf den Beruf des Sattlers aus: Fertigte der Sattler früher alle möglichen Zaumzeuge und Arbeitsgeschirre für Pferde und andere Nutz-tiere an, so stellt er heute fast ausschließlich Reitsättel her. Das Leder wird von ei-ner Maschine zugeschnit-ten, die weitere Verarbei-tung ist Handarbeit!

Am Stallhalfter befestigt man den Anbindestrick.

Lies mal weiter!
Seite 92, 102, 130

Ausrüstung für den Reiter

Reitkappen sind meist mit schwarzem oder dunkelblauem Samt bezogen.

Wer reiten möchte, braucht eine spezielle Reitausrüstung: Einige Teile sind unbedingt nötig, andere kann man im Laufe der Zeit ergänzen.

Grundausstattung

Am wichtigsten ist eine Reitkappe, die den Kopf bei Stürzen schützt. Moderne Reitkappen sind gut gepolstert, die Kinnriemen mit Kinnschutz sorgen für einen bequemen Sitz. Die Kappe muss genau passen und TÜV-geprüft sein. Für die Kleidung reichen am Anfang Gummistiefel und eine bequeme Hose, möglichst mit wenig Nähten. Die Jacke sollte wetterfest sein.

Weitere Ausstattung

Wer häufiger reitet, kauft sich am besten eine Reithose. Sie ist an den Knien und am Po verstärkt, um Scheuerstellen zu vermeiden. Viele Reiter tragen hohe Reitstiefel aus Gummi oder Leder. So scheuern die Waden nicht an den Steigbügelriemen und die Beine sind vor Gestrüpp und Dornen geschützt. Reithandschuhe aus Baumwolle oder Leder sind zu empfehlen, weil sie Blasen verhindern und man die Zügel besser halten kann.

Die Reitausrüstung sollte vor allem zweckmäßig sein.

Die Dressurreiterin trägt die offizielle Turnierkleidung.

Du entscheidest selbst:
- Welches Pferd ist nach einem General benannt?
  ➡ Seite 76/77
- Warum grasen Pferde?
  ➡ Seite 108/109

Kleidervorschriften für Wettbewerbe

Wer an Dressur- und anderen Reitwettbewerben teilnimmt, muss bestimmte Kleidervorschriften beachten. Meistens gehören dazu: eine dunkelblaue oder schwarze Samtreitkappe und Reitjacke, ein weißes Hemd mit Krawatte, eine weiße Reithose sowie Handschuhe und schwarze Reitstiefel. Reitgerte und Sporen sind erlaubt. Bei hochklassigen Dressurwettbewerben müssen Reiter sogar mit Zylinder und einer Jacke mit Schößen sowie Weste antreten.

Auch bei Wettbewerben für Kinder gelten Kleidervorschriften, die man in der Ausschreibung nachlesen kann.

Für Fortgeschrittene:
- Boots und Minichaps (Ledergamaschen, die eng an der Wade anliegen) als Ersatz für Reitstiefel
- Turnier: weißes Hemd, dunkle Jacke, weiße Hose, Handschuhe und Helm
- Sporen – aber nur, wenn man verantwortungsvoll damit umgehen kann

Lies mal weiter!
Seite 78, 94, 114

Beim Longieren lernt ein Pferd, sich dirigieren zu lassen und Kommandos zu befolgen.

Damit Reiter und Pferd einander gut verstehen, sollten sie die gleiche Sprache sprechen. Diese müssen beide erst erlernen: der Reiter in der Reitschule, das Pferd oder Pony in der Pferdeschule, die man auch Ausbildung nennt.

Der Lehrer

Seine Ausbildung sollte ein Reitpferd von einem möglichst erfahrenen Reiter bekommen. Ein solcher Ausbilder braucht viel Geduld, denn er muss auf die Persönlichkeit des Pferdes eingehen. Das A und O jeder Ausbildung ist eine harmonische und vertrauensvolle Beziehung zwischen Reiter und Pferd! Der Reiter

sollte das Pferd deshalb viel loben und immer ruhig mit ihm sprechen, damit das Pferd Vertrauen zu ihm hat.

Erstes Eingewöhnen

Bereits ein Fohlen wird an Halfter, das Putzen und erste Stimmkommandos gewöhnt, später folgen Trense und Sattel. An der Longe, einem langen Seil, oder der Stange lernt das Pferd dann, die Beine zu beherrschen und einfache Kommandos wie Anhalten zu befolgen. Spannend ist das erste Aufsitzen, denn das Pferd muss erst üben, mit dem Reiter das Gleichgewicht zu halten.

Grundausbildung

Während der Ausbildung übt das Pferd Schritt für Schritt die einzelnen Fertigkeiten, wie zum Beispiel das Erlernen verschiedener Gangarten und Tempos, das Anhalten und den Richtungswechsel.

Spezialausbildung

Erst nach der Grundausbildung findet eine Spezialisierung statt: Denn ein Freizeitpferd muss andere Dinge lernen als ein Dressur- oder Springpferd. Bei der Dressur geht es zum Beispiel vor allem um exakte Bewegungsabläufe. Für Dressurpferde ist es besonders wichtig, auf die Hilfen des Reiters richtig zu reagieren. Auch der Reiter muss beim Umgang mit dem Pferd einige Regeln beachten. Unter Experten nennt man diese Regeln Ausbildungsskala.

Ausbildungsskala

- Takt: gleichmäßiges Laufen in den Grundgangarten
- Losgelassenheit: Pferd soll sich entspannt bewegen
- Anlehnung: harmonisches Zusammenspiel von Reiterhand und Pferdemaul
- Schwung: Üben größerer und höherer Schritte
- Gerade richten: linke und rechte Beine gleichmäßig belasten
- Versammlung: Das Gewicht des Reiters verlagert sich nach hinten.

Die Bodenarbeit gehört zu den wichtigsten Grundlagen bei der Ausbildung von Pferden.

Lies mal weiter!
Seite 80, 88, 120

Aufsitzen und erste Schritte

Aufzäumen:

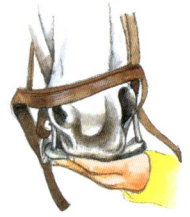

1. Gebiss ins Maul legen

2. Genickstück über die Ohren streifen

3. Riemen schließen

Vor dem Reiten prüft man noch einmal den Sitz von Sattel und Zaumzeug.

Pferde müssen sorgfältig gezäumt und gesattelt werden, denn schlecht sitzendes Zaumzeug oder ein drückender Sattel kann zu Verletzungen führen.

Auf- und Abzäumen

Der Reiter steht links neben dem Pferd und legt den Zügel über den Kopf. Die linke Hand führt das Gebiss ins Maul, die rechte zieht das Genickstück nach oben und streift es über die Ohren. Dann schließt man die Riemen. Das Abzäumen geht in umgekehrter Reihenfolge.

Auf- und Absatteln

Das Pferd ist festgebunden. Der Reiter legt von links die Satteldecke und dann den Sattel mit den hoch gezogenen Steigbügeln auf und prüft, ob alles richtig sitzt. Er führt den Bauchgurt unterm Pferd durch und schließt ihn locker. Erst kurz vor dem Aufsitzen zieht man ihn richtig fest und lässt die Steigbügel herunter. Abgesattelt wird auch links: Man zieht die Steigbügel hoch, löst den Gurt und hebt den Sattel herunter.

Aufsatteln:

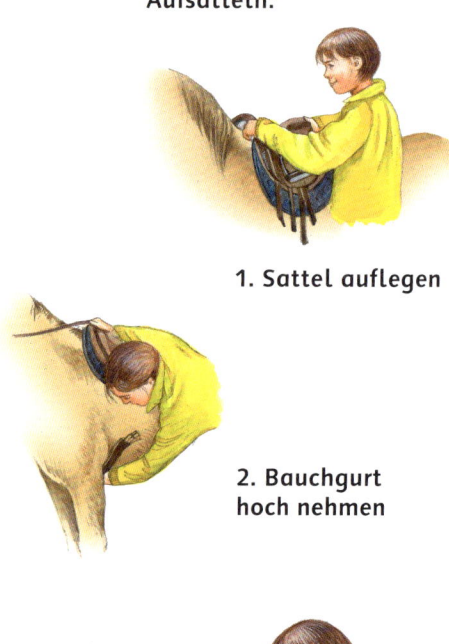

1. Sattel auflegen

2. Bauchgurt hoch nehmen

3. Gurt festschnallen

Richtig Aufsitzen:

Der linke Fuß steigt in den Steigbügel.

Das rechte Bein schwingt über den Pferderücken.

Der Reiter lässt sich in den Sattel gleiten und sitzt aufrecht.

Auf- und Absitzen

Aufgesessen wird von links: Der Reiter hält die Zügel in der Hand, steigt mit dem linken Fuß in den Steigbügel und legt die andere Hand in die Mitte des Sattels. Nun stößt er sich mit dem rechten Fuß kräftig ab und schwingt das Bein über den Pferderücken. Zuletzt schiebt er den rechten Fuß in den Steigbügel und nimmt die Zügel auf. Abgestiegen wird auch links.

Die Zügel liegen zwischen kleinem Finger und Ringfinger, Daumen und Zeigefinger halten sie fest.

Erste Schritte

Die ersten Schritte auf dem Pferd macht jeder Reitschüler an der Longe. Die Longe ist etwa 8 Meter lang und wird mit einem Haken am Zaumzeug befestigt. Das Pferd wird an diesem langen Seil geführt, bis der Schüler locker sitzt und einfache Hilfen beherrscht. Dazu gehören zum Beispiel die richtige Führung der Zügel und der Einsatz der Schenkel.

Hallo Micha,

stell dir vor, wir wurden gestern beim Reiten gefilmt. Mann, war das peinlich! Da sieht man erst, wie schief man auf dem Pferd hängt. Weil ich nicht an den Schenkeldruck gedacht habe, saß ich wie auf einem schwankenden Schiff. Aber den anderen ging's auch nicht viel besser. Übung macht den Meister.

Bis bald, Simon

An
Michael
Schuhma
20257 J

Du entscheidest selbst:
- Wie versöhnen sich Pferde?
  ➡ Seite 82/83
- Wer ist das Leichtgewicht unter den Pferden?
  ➡ Seite 96/97

Lies mal weiter!
Seite 88, 110, 116

Grundgangarten

Je nachdem wie schnell ein Pferd läuft, ändert sich der Bewegungsablauf der Beine. Man nennt das Gangarten. Es gibt drei Grundgangarten – Schritt, Trab, Galopp – sowie einige Spezialgangarten.

Der Schritt

Pferde und Ponys gehen am liebsten im Schritt, weil diese Gangart am wenigsten anstrengend ist. Der Schritt ist ein Viertakt, das Pferd tritt mit jedem Bein einzeln auf.

Der Trab

Pferde und Ponys traben, wenn sie zügig kürzere Strecken zurücklegen möchten. Der Trab ist ein Zweitakt: Die diagonal liegenden Beine berühren gleichzeitig den Boden. Beim schnellen Trab gibt es eine Schwebephase: Kein Bein berührt dabei den Boden.

Der Galopp

Galopp ist die schnellste Gangart. Pferde bevorzugen in der Regel Trab oder Schritt. Galopp ist ein Dreitakt, man unterscheidet Rechts- und Linksgalopp. Beim Rechtsgalopp bewegt ein Pferd erst das linke Hinterbein, dann das rechte Hinterbein und das linke Vorderbein gleichzeitig und zuletzt das rechte Vorderbein. Beim Linksgalopp ist es umgekehrt. Ein galoppierendes Pferd sieht ein wenig so aus, als würde es springen. Für Reitanfänger ist der schnelle Galopp noch schwierig, erfahrene Reiter aber lieben ihn.

Im gemütlichen Schritt geht es über das Feld.

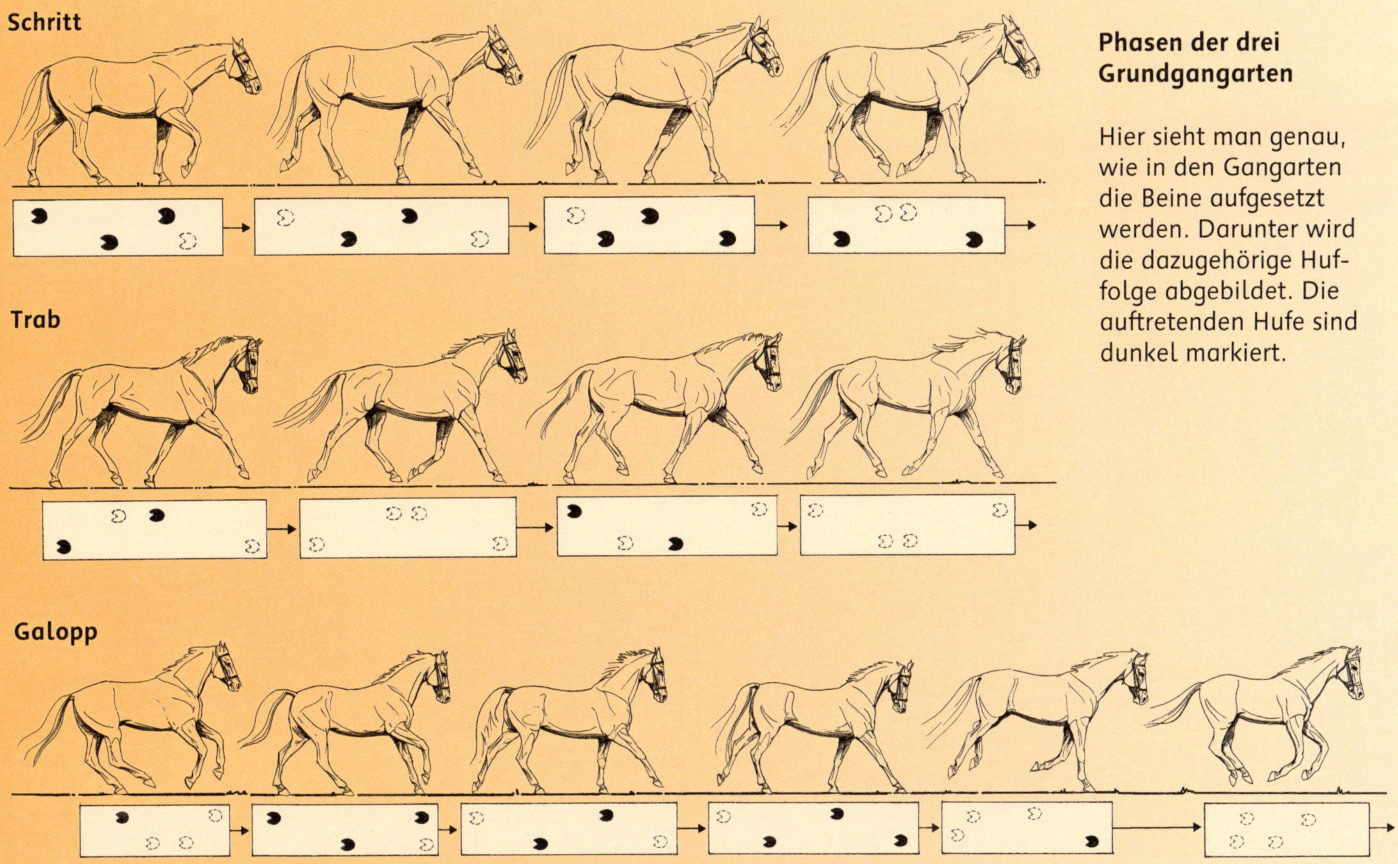

Schritt

Trab

Galopp

Phasen der drei Grundgangarten

Hier sieht man genau, wie in den Gangarten die Beine aufgesetzt werden. Darunter wird die dazugehörige Huffolge abgebildet. Die auftretenden Hufe sind dunkel markiert.

Spezialgangarten

Neben den Grundgangarten gibt es einige Spezialgangarten: „Tölt" ist ein schnell gelaufener Schritt. Der „Pass" oder „Passgang" ist eine Gangart im Zweitakt, dabei werden die Beine einer Seite gleichzeitig bewegt. Tölt und Pass sind typisch für Islandpferde. Weniger verbreitet sind „Foxtrott", dessen Bewegungen an einen Tanz erinnern, und „Running Walk", ein sehr schneller Lauf im Viertakt.

Gangarten bei wild lebenden Pferden

Wildpferde haben unterschiedliche Gangarten entwickelt, um in der Natur möglichst gut zu überleben. Schritt ist die typische Gangart bei Nahrungssuche. Das Pferd setzt einen Huf vor den anderen, um in aller Ruhe Gräser und Kräuter zu fressen. Trab benutzen die Pferde, wenn sie bei Wintereinbruch oder Futtermangel schnell eine neue Weide finden müssen. Galopp dient der Flucht vor Feinden.

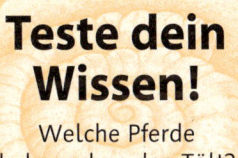

Teste dein Wissen!

Welche Pferde beherrschen den Tölt?

(Islandpferde)

Lies mal weiter!
Seite 96, 124, 130

Reithalle und Gelände

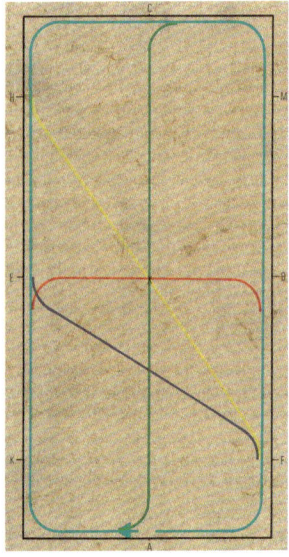

- Ganze Bahn
- Halbe Bahn
- Durch die Bahn wechseln
- Durch die halbe Bahn wechseln
- Durch die Länge der Bahn wechseln

Sobald ein Reitschüler den korrekten Sitz und einfache Kommandos beherrscht, lernt er die Regeln für die Reitbahn in der Reithalle oder auf dem Reitplatz. Sie sind nötig, damit mehrere Reiter dort gleichzeitig reiten können.

Bahnregeln und Hufschlag

Aufgestiegen wird grundsätzlich erst an der Mittellinie der Reitbahn. Jede Reitbahn hat zwei lange und zwei kurze Seiten. Die Wege in der Bahn nennt man „Hufschlag". Der Pfad am äußeren Rand ist der erste

Hufschlag, der zweite Hufschlag verläuft etwas weiter innen. Wer auf der linken Seite reitet hat Vorfahrt: Der auf der rechten Seite entgegenkommende Reiter weicht auf den zweiten Hufschlag aus.

Die wichtigsten Hufschlagfiguren

Will ein Reiter auf der Reitbahn die Richtung ändern, muss er bestimmte Pfade einhalten, die „Hufschlagfiguren". Es gibt einfache Hufschlagfiguren zum Bahnwechseln und schwierigere wie den Zirkel.

Ampeln gelten auch für Reiter.

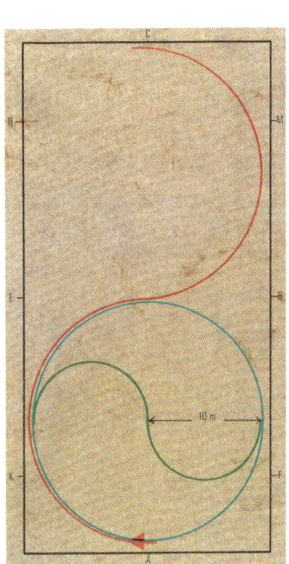

- Auf dem Zirkel
- Aus dem Zirkel wechseln
- Durch den Zirkel wechseln

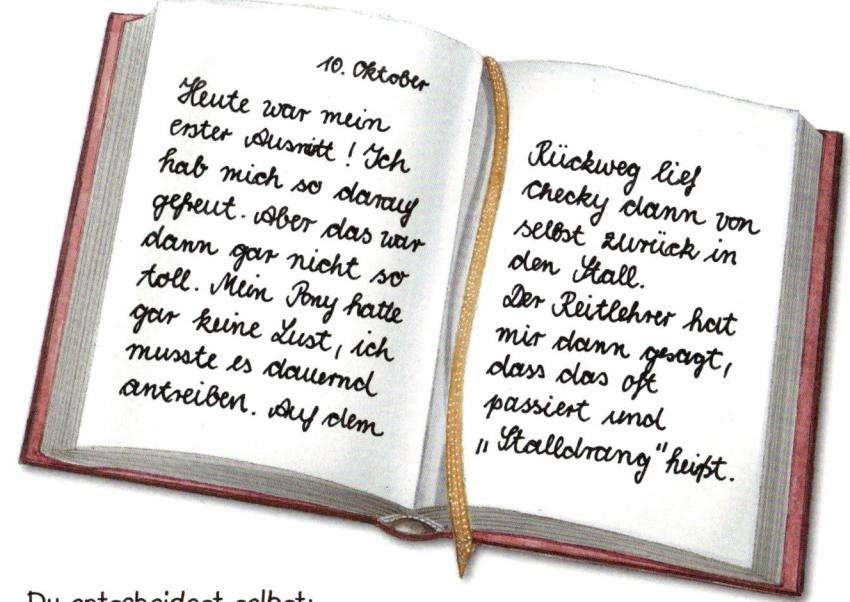

Beim Ausreiten in der Gruppe nimmt man Rücksicht auf schwächere Reiter.

Reiten im Gelände

Wer die Grundgangarten beherrscht und sicher im Sattel sitzt, darf auch im freien Gelände reiten. Der erste Ausritt wird immer vom Reitlehrer begleitet. Man reitet hinter- oder zu zweit nebeneinander und hält genügend Abstand. Auf öffentlichen Straßen bleiben Reiter auf der rechten Straßenseite. Verkehrszeichen und Ampeln gelten natürlich auch für sie. Wenn ein Pferd beim Ausritt scheut oder durchgeht, muss der Reiter ruhig bleiben und das Pferd in eine langsamere Gangart führen.

10. Oktober

Heute war mein erster Ausritt! Ich hab mich so darauf gefreut. Aber das war dann gar nicht so toll. Mein Pony hatte gar keine Lust, ich musste es dauernd antreiben. Auf dem Rückweg lief checky dann von selbst zurück in den Stall. Der Reitlehrer hat mir dann gesagt, dass das oft passiert und „Stalldrang" heißt.

Du entscheidest selbst:

- Warum „flehmt" ein Pferd?
➡ Seite 90/91
- Wer hat den Spitznamen „Blonde" aus dem Süden?
➡ Seite 102/103

Lies mal weiter!
Seite 76, 90, 112

Pferdesportarten

Wer sich auf dem Pferderücken sicher fühlt und das Reiten in der Halle und im Gelände beherrscht, hat vielleicht Lust auf mehr. Es gibt einige Pferdesportarten, die den Reiter und das Pferd mehr fordern und große Disziplin verlangen. Beispiele sind Dressur- und Springreiten und Trab- und Galopprennen.

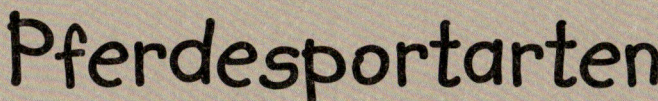

Dressurreiten

Pferde bewegen sich von Natur aus anmutig. Beim Dressurreiten werden die Bewegungen verfeinert – die verschiedenen Figuren müssen äußerst harmonisch ausgeführt werden. Das verlangt ein langes und zeitaufwändiges Training. Jede erwünschte Reaktion wird belohnt, die unerwünschten werden nicht beachtet oder notfalls bestraft. Das Dressurreiten als Sport ist Ende des 19. Jahrhunderts in Militärkreisen entstanden.

Bei der Kapriole springt das Pferd nach oben und schlägt mit der Hinterhand aus.

Hilfen

Pferde oder Ponys lernen beim Dressurreiten auf feine Signale, die Hilfen, zu reagieren und die gewünschten Figuren auszuführen.

Das ist anstrengend und erfordert hohe Konzentration – sowohl vom Reiter als auch vom Pferd.

Lektionen

Die Dressuraufgaben bestehen aus mehreren Lektionen, die nacheinander ausgeführt werden. Das Pferd bewegt sich dabei in den Grundgangarten Schritt, Trab und Galopp auf verschiedenen Bahnen vorwärts, seitwärts oder auch rückwärts. Dressurfiguren sind zum Beispiel die Traversale, bei der das Pferd gleichzeitig vorwärts und seitwärts geht, oder die Piaffe, bei der das Pferd fast auf der Stelle trabt.

Vor der Dressurarbeit werden die Pferde warm geritten.

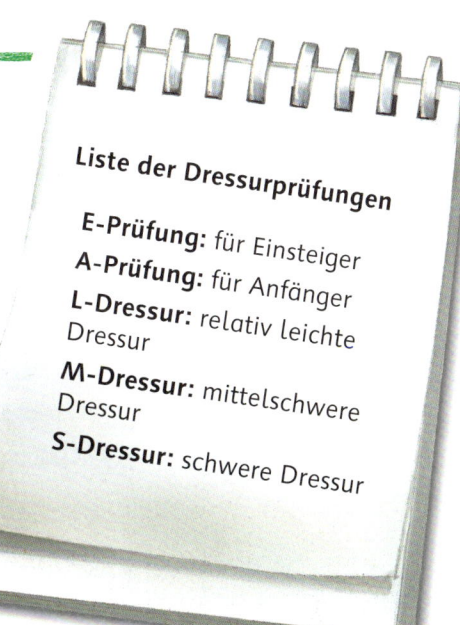

Liste der Dressurprüfungen

E-Prüfung: für Einsteiger
A-Prüfung: für Anfänger
L-Dressur: relativ leichte Dressur
M-Dressur: mittelschwere Dressur
S-Dressur: schwere Dressur

Teste dein Wissen!

Bei welcher Figur trabt das Pferd fast auf der Stelle?

(Piaffe)

Dressuraufgaben bestehen aus Lektionen, die nacheinander gezeigt werden.

Turniere

Auf Turnieren können Reiter und Pferde zeigen, welche Figuren sie beherrschen. Bei diesen Dressurprüfungen bekommen sie Noten von 0 (nicht gezeigt) bis 10 (ausgezeichnet). Bewertet werden der korrekte Dressursitz und die Hilfengebung beim Reiter. Beim Pferd geht es vor allem um die korrekte Ausführung der Lektionen. Die Dressurprüfungen unterscheiden sich in ihren Anforderungen und bauen aufeinander auf. Seit einiger Zeit gibt es zusätzlich zu den Reitprüfungen noch eine Kür, die von den Teilnehmern nach eigenen Vorstellungen gestaltet werden kann.

Kaum zu glauben
In der Spanischen Hofreitschule werden Dressurkunststücke des höchsten Schwierigkeitsgrades gezeigt.

Die Spanische Hofreitschule heißt so, weil sie 1572 mit Pferden aus Spanien gegründet wurde.

Lies mal weiter!
Seite 80, 86, 98

Springreiten

Phasen beim Sprung

1. Anreiten:
im Trab oder Galopp

2. Absprung:
Die Vorderbeine sind
in der Luft.

3. Schwebephase:
Das Pferd streckt sich
in der Luft.

4. Landung:
erst ein Vorderbein nach
dem anderen, dann die
Hinterbeine

Die Ausbildung zum Sprungpferd ist langwierig – sie beginnt im Alter von vier bis fünf Jahren.

Cavaletti

Zuerst wird das Pferd ans Springen gewöhnt. Dazu nimmt man kleine Hindernisse, „Cavaletti", was auf italienisch „Pferdchen" heißt.

Verschiedene Sprünge

Es gibt verschiedene Arten von Sprüngen: Bei Weitsprüngen muss das Pferd möglichst weit springen, bei Hochsprüngen ein hohes Hindernis überwinden. Klassische Hindernisse sind das Rick mit mehreren Stangen und die Mauer aus übereinander gelegten Holzblöcken.

Ein typischer Weitsprung ist der Wassergraben. Besonders schwierig sind Hoch-Weitsprünge.

Springwettbewerbe

Bei Springwettbewerben müssen Reiter und Pferd verschiedene Hindernisse der Reihe nach überwinden. Die Abfolge der zehn bis fünfzehn Hindernisse heißt Parcours. Vor dem Rennen dürfen die Reiter den Parcours zu Fuß abgehen, um sich einen Eindruck zu verschaffen. Das Springreiten entwickelte sich aus dem Jagdreiten, erste Wettbewerbe fanden in der zweiten Hälfte des 19. Jahrhunderts statt.

Bei der Cavaletti-Arbeit wird das Pferd
an Hindernisse gewöhnt.

Hindernisse:

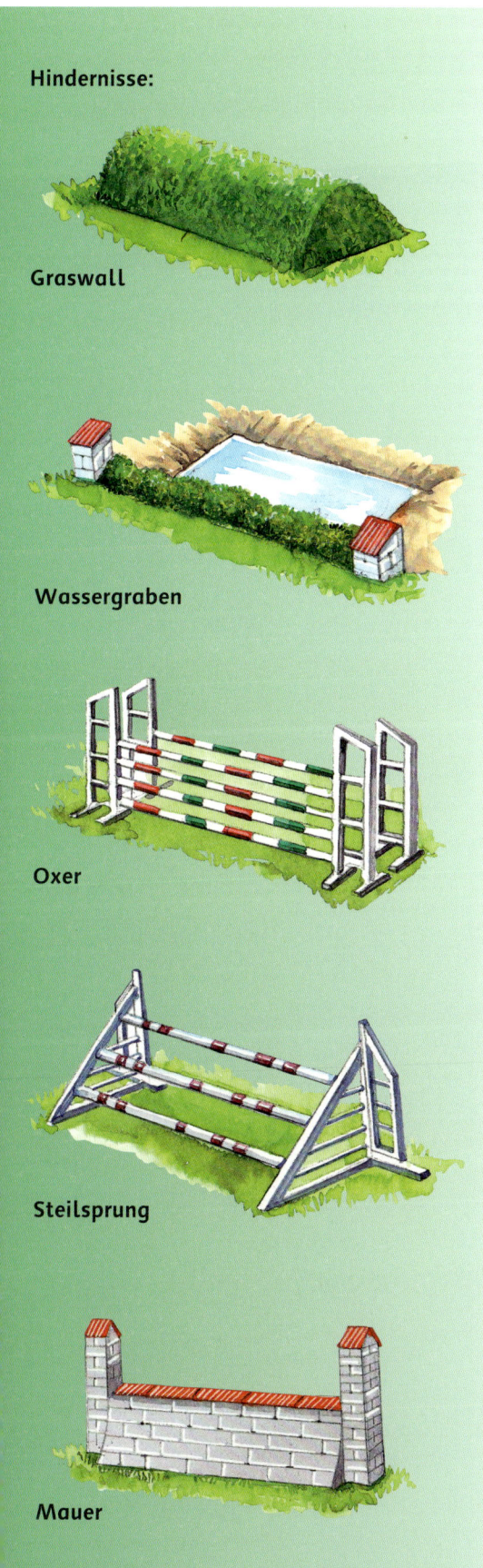

Graswall

Wassergraben

Oxer

Steilsprung

Mauer

Beim Springreiten sollten Reiter und Pferd harmonisch und optimal zusammenarbeiten.

Wer gewinnt?

Der Reiter gewinnt, der den Parcours mit den wenigstens Strafpunkten reitet. Außerdem darf die für den Parcours erlaubte Zeit nicht überschritten werden. Strafpunkte gibt es, wenn beim Sprung Hindernisteile abgeworfen werden, das Pferd vor dem Hindernis stehen bleibt, also sich verweigert, oder die erlaubte Zeit überschritten wird. Bei gleicher Punktzahl entscheidet die kürzere Zeit oder man lässt die Konkurrenten noch einmal auf einem verkürzten Parcours gegeneinander antreten. Wer stürzt, scheidet aus.

Teste dein Wissen!

Wie heißen die kleinen Hindernisse, mit denen man Pferde ans Springen gewöhnt?

(Cavaletti)

Kaum zu glauben

Der heute noch gültige Hochsprungrekord von 2,47 m wurde 1949 aufgestellt!

Lies mal weiter!
Seite 98, 108, 122

Trab- und Galopprennen

Pferderennen sind seit dem 19. Jahrhundert eine beliebte Freizeitbeschäftigung der Menschen. Finanziert werden sie noch heute zum Großteil durch Pferdewetten, die von begeisterten Zuschauern abgeschlossen werden. Eine besondere Attraktion ist das Derby, die schwerste und wichtigste Prüfung im Rennsport.

Schnell, schneller, am schnellsten

Da das Tempo bei Pferderennen entscheidend ist, begann man bald, immer schnellere Pferde zu züchten, wie zum Beispiel das Englische Vollblut oder den Traber für die Trabrennen.

Die Distanzen beim Galopprennen liegen zwischen 1000 und 4000 m.

Trabrennen

Bei diesem Pferderennen zieht das Pferd einen kleinen, zweirädrigen Wagen, den Sulky, in dem der Reiter sitzt. Das Pferd darf nur im Trab laufen, verfällt es in Galopp, scheidet es aus. Die Pferde können Geschwindigkeiten bis zu 60 Kilometer in der Stunde erreichen! Die Distanzen beim Trabrennen liegen zwischen 1100 und 4200 Metern.

Wieder Skandal beim Galopprennen!

Mannheim/Das Siegerpferd beim Großen Preis von Mannheim am vergangenen Wochenende war gedopt und wurde nachträglich disqualifiziert. Wie erst heute bekannt wurde, hatte man ihm vor dem Rennen Amphetamin gegeben. Dieser Doping-Wirkstoff lässt Pferde bis zur völligen Erschöpfung und nicht selten bis zum Herzstillstand laufen! Leider kommt es gerade beim Pferderennen immer wieder zu Dopingfällen – die hohen Wetteinsätze verführen scheinbar dazu, dem Sieg etwas nachzuhelfen.

Galopprennen

Die ersten Galopprennen in Deutschland fanden im Jahr 1822 in Mecklenburg statt. Man unterscheidet zwischen Flachrennen ohne Hindernisse und Hindernisrennen. Hierbei müssen Pferde und Reiter eine bestimmte Anzahl von Hindernissen überwinden. Bei Flachrennen erreichen die Pferde eine Geschwindigkeit von bis zu 80 Kilometern in der Stunde!

Du entscheidest selbst:
- Welche Pferde sind die Stars beim Galopprennen?
  ➡ Seite 96/97
- Wie wird aufgesattelt?
  ➡ Seite 120/121

Lies mal weiter!
Seite 84, 102, 116

Wale, Delfine und Haie

Lange bevor sich an Land Säugetiere entwickelten,
wimmelte es im Meer von Leben.
Dort kämpften Fischsaurier
und Urhaie – einer größer als
der andere – um Beute. An Land
verzehrten die Ahnen aller Wale
und Delfine ihren gerade gejagten Fisch
und ließen sich das Fell in der Sonne trocknen.
Heute, Millionen Jahre später, gibt es in den
Ozeanen eine faszinierende Vielfalt von Delfinen, Haien
und Walen. Darunter Lebewesen, die größer sind als
jeder Dinosaurier es gewesen ist.

Die Vorfahren

Als die Dinosaurier verschwanden, begann die Zeit der Säugetiere. Darunter waren hundeartige Wesen, die Mesonychiden. Sie lebten vor 50 Millionen Jahren an Land und jagten im flachen Wasser der Küste Fische. Ihre Nachfahren eroberten die Ozeane als Lebensraum zurück.

Dem Meer angepasst

Zu Anfang krochen die Vorfahren der Wale und Delfine wahrscheinlich ähnlich wie Robben immer wieder an Land, um ihre Jungen zur Welt zu bringen. Doch ihr Körper passte sich im Laufe der Jahrmillionen dem Meer an.

Sie verloren ihr Fell, die Hinterpfoten wurden zu Stummeln und verschwanden schließlich ganz. Heutige Wale und Delfine verbringen ihr ganzes Leben im Wasser.

Aus Zähnen werden Barten

Zunächst hatten alle Wal-Vorfahren Zähne. Doch vor 20 bis 30 Millionen Jahren begannen einige, andere Beute zu verzehren – winzige Fische und Krebse. Nach und nach veränderte sich ihr Gebiss, um diese Nahrung aus dem Meer zu filtern. Es entwickelten sich die Bartenwale.

Mesonyx hatte noch vier Pfoten und ein Fell – beides verschwand im Laufe der Evolution.

Die perfekten Jäger

Haie gibt es schon viel länger. Sie entwickelten sich vor 300 Millionen Jahren, also noch vor den Dinosauriern! Als schwimmende Saurier begannen die Meere zu bevölkern, wurden sie zur Konkurrenz für die Haie. Doch die Saurier starben aus – und Haie gibt es noch heute in fast unveränderter Form.

Kleine Zeitleiste

• 300 Millionen Jahre: Vorfahren der Haie entwickeln sich

• 50 Millionen Jahre: Mesonychiden, die hundeartigen Vorfahren der Wale und Delfine

• 25 Millionen Jahre: Zahn- und Bartenwale entwickeln sich auseinander

• 2–4 Millionen Jahre: an Land erscheinen die Vorfahren der Menschen

Du entscheidest selbst:
• Verlieren Haie Zähne?
➡ Seite 154/155
• Sind Delfine immer friedlich?
➡ Seite 156/157

Kaum zu glauben

Forscher glaubten, der Quastenflosser sei schon seit Millionen von Jahren ausgestorben – bis ihnen solch ein lebendes Fossil ins Netz ging!

In den Skeletten großer Delfine und Wale finden sich noch Reste von Beckenknochen. Sie erinnern daran, dass ihre Vorfahren einst Hinterpfoten hatten.

Hier der Zahn eines 13 Meter langen Urhais namens Carcharodon megalodon im Vergleich zu einer 50-Cent-Münze.

Lies mal weiter!
Seite 146, 152, 174

Bartenwale

Wale und Delfine sind Säugetiere wie wir. Sie ernähren ihre Jungen mit Milch und brauchen Luft zum Atmen. Um sich im kalten Wasser zu schützen, haben sie eine dicke Speckschicht („Blubber") unter der Haut. Es gibt zwei Arten von Walen: Bartenwale und Zahnwale.

Ein Maulvoll Wasser

Bartenwale haben statt Zähnen dicht nebeneinandersitzende Hornplatten im Maul. Sie bestehen aus dem gleichen Material wie unsere Fingernägel. Mit ihrer Hilfe können die großen Wale Plankton und kleine Fische aus dem Meer filtern. Wegen dieser Barten und ihres Specks wurden Wale lange erbarmungslos gejagt. Auch heute gibt es noch Walfänger.

Die meisten Bartenwale haben Kehlfurchen. Sie machen die Haut am Hals elastisch. Die Furchen dehnen sich aus, wenn der Wal beim Fressen viele Tonnen Wasser ins Maul nimmt und es durch die Barten wieder herauspresst.

Buckelwal

Finnwal

Diese Wale gehören alle zu den Bartenwalen. Die friedlichen Riesen sind für Menschen harmlos.

Grönlandwal

Blauwal

Teste dein Wissen!

Wie nennt man die Hornplatten im Maul vieler Großwale?

(Barten)

Blauwal
- ▶ Größe:
  25–30 Meter
- ▶ Vorkommen:
  Weltweit auf
  hoher See.
- ▶ Besonderheiten:
  Größtes Lebewesen
  der Erde. Selten!

Buckelwal
- ▶ Größe:
  11–19 Meter
- ▶ Vorkommen:
  Weltweit (im
  Winter in warmen,
  im Sommer in
  kalten Gewässern).
- ▶ Besonderheiten:
  Macht gern
  Luftsprünge. Für
  seine Gesänge
  berühmt. Sehr
  lange Brustflossen.

Grauwal
- ▶ Größe:
  12–15 Meter
- ▶ Vorkommen:
  Nordpazifik
- ▶ Besonderheiten:
  Meist auffällig
  stark mit See-
  pocken bewachsen.
  Sehr neugierig.

Riesen der Meere

Wale sind die größten Lebewesen
der Erde, noch weit größer als die
Dinosaurier es waren. Ein Blauwal
wiegt so viel wie dreißig Elefanten.
Sein Herz ist so schwer wie ein
Kleinwagen. Diese gigantischen
Tiere konnten sich nur im Meer entwickeln, denn im Wasser sind sie
schwerelos und müssen ihr Gewicht
nicht tragen.

Grönlandwal
- ▶ Größe:
  15–20 Meter
- ▶ Vorkommen:
  Arktische Gewässer
- ▶ Besonderheiten:
  Hat keine
  Rückenflosse.
  Weißer Kinnfleck.

Grönlandwale wurden
stark gejagt und sind
selten geworden.

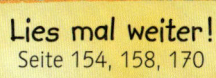

Lies mal weiter!
Seite 154, 158, 170

Zahnwale

Es gibt 80 Arten von Zahnwalen (zu denen auch die Delfine zählen). Manche sind riesig wie der Pottwal, andere zierlich wie der nur etwa 1,50 Meter lange Commerson-Delfin. Zahnwale kommen in fast allen Arten von Gewässern vor, sogar in Flüssen.

Flinke Jäger

Sie sind meist schnelle und gewandte Schwimmer und ernähren sich von Fischen, kleinen Krebsen oder Tintenfischen. Zahnwale haben die Fähigkeit entwickelt, mit Schall zu sehen („Sonar"). Bartenwale können das nicht.

Weißwal (Beluga)
▶ Größe: 3–6 Meter
▶ Vorkommen: Arktische Meere
▶ Besonderheiten: Sind bei der Geburt grau und werden erst nach und nach weiß. Können eine Vielzahl von Lauten ausstoßen.

Pottwal
▶ Größe: 8–20 Meter
▶ Vorkommen: Weltweit.
▶ Besonderheiten: Wurde zwar gejagt, ist aber immer noch häufig. Kann extrem tief tauchen und wird über 70 Jahre alt.

Pottwale sind die größten Raubtiere der Welt. Aber sie greifen keine Menschen an.

Hi, Micha,
stell dir vor – als wir
heute mit der Fähre nach
Vancouver gefahren sind,
haben wir eine Gruppe Orcas
gesehen! Sie waren gar nicht
scheu. Ich konnte sogar
das Geräusch hören, das sie
beim Atmen machen.
Die Wale sind aber leider
immer gerade dann abge-
taucht, wenn ich auf den
Auslöser gedrückt habe ...
Viele Grüße, Finn

Grindwal

Grindwal
▶ Größe: 4–8 Meter
▶ Vorkommen:
  Fast weltweit.
▶ Besonderheiten:
  Lebt in großen
  Herden. Wird auch
  heute noch
  gejagt.

Grindwal

Pottwal

Robben aufgepasst!

Die großen Zahnwalarten wie
Pottwal und Schwertwal haben
im Meer keine natürlichen Feinde.
Selbst der Weiße Hai macht einen
großen Bogen um sie.
Orcas und Kleine Schwertwale
sind die einzigen beiden Wale, die
andere Meeressäuger töten. Delfine
und Robben sind ihre bevorzugte
Beute. Gemeinsam mit Artgenossen
wagen sich Orcas sogar an die
riesigen Bartenwale heran. Doch
Menschen gegenüber sind sie sanft
und neugierig.

**Schwertwal
(Orca)**
▶ Größe: 5–8 Meter
▶ Vorkommen:
  Weltweit.
▶ Besonderheiten:
  Sehr intelligent und
  anpassungsfähig.
  Bei den Männchen
  wird die Rücken-
  flosse bis zu
  2 Meter hoch.

Orca

Lies mal weiter!
Seite 156, 168, 174

Meeresdelfine

Delfine sind die kleinsten Mitglieder der Walfamilie. Sie bevölkern alle Meere. Oft sieht man sie, wenn sie Schiffe begleiten oder übermütig in die Luft springen.

Sie tauchen nur kurz und kommen alle paar Minuten zum Atmen wieder an die Oberfläche. Große Tümmler, eine der häufigsten Delfinarten, können ungefähr 15 Minuten unter Wasser bleiben. Ähnlich wie Schwertwale werfen sie sich beim Jagen manchmal auf den Strand und wälzen sich wieder ins Wasser zurück.

Gewöhnlicher Delfin
▶ Größe:
   1,50–2,60 Meter
▶ Vorkommen:
   Gemäßigte und tropische Meere weltweit.
▶ Besonderheiten:
   Lebt in großen Herden. Begleitet Schiffe stundenlang.

Geborene Akrobaten

Mit ihrer kraftvollen Schwanzflosse können sich Delfine in die Luft katapultieren. Sie tun es zum Spaß, aber auch, um Ausschau zu halten und ihren Gefährten etwas mitzuteilen. Was genau, wissen wir nicht. Besonders akrobatisch sind die zierlichen Spinner-Delfine, die in der Hochsee leben. Sie werfen sich in die Luft und drehen sich beim Springen um die eigene Achse. Daher kommt auch ihr Name: „Spin" ist englisch für „Drehung".

Bei ihren Sprüngen können Delfine Luft holen und sich umsehen.

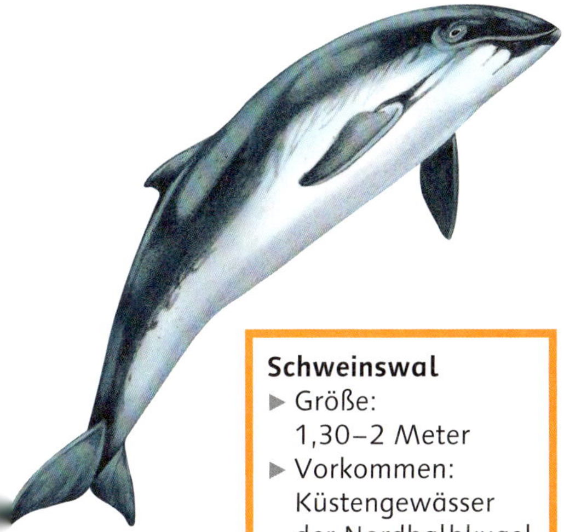

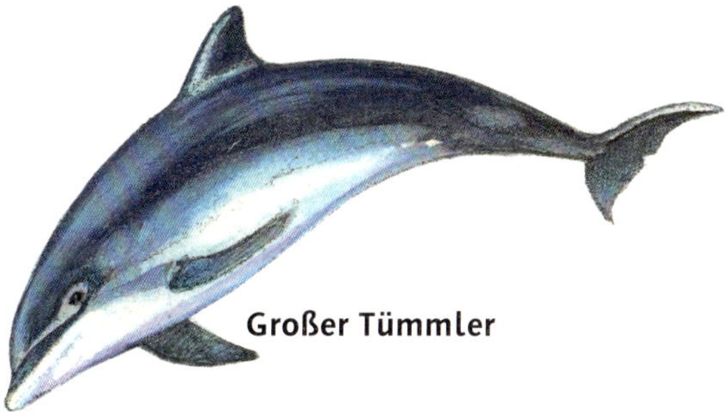

Großer Tümmler

Schweinswal
- Größe: 1,30–2 Meter
- Vorkommen: Küstengewässer der Nordhalbkugel.
- Besonderheiten: Scheu. Springt praktisch nie. Schwimmt in Flüsse hinein.

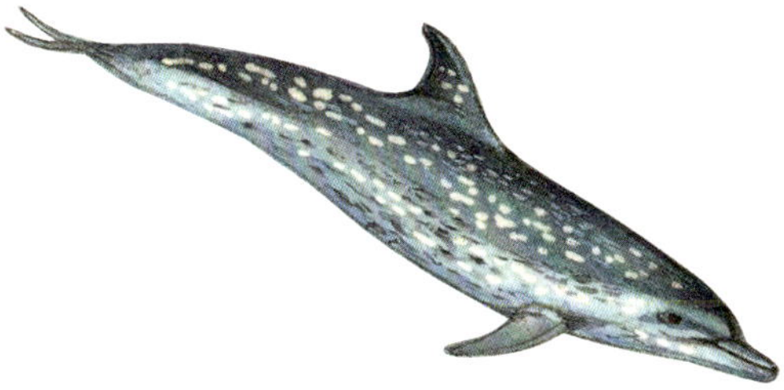

Fleckendelfin

Großer Tümmler
- Größe: 2,50–4 Meter
- Vorkommen: Gemäßigte und tropische Meere weltweit. Meist in Küstennähe.
- Besonderheiten: Lebt in kleinen Gruppen. Sehr verspielt und neugierig.

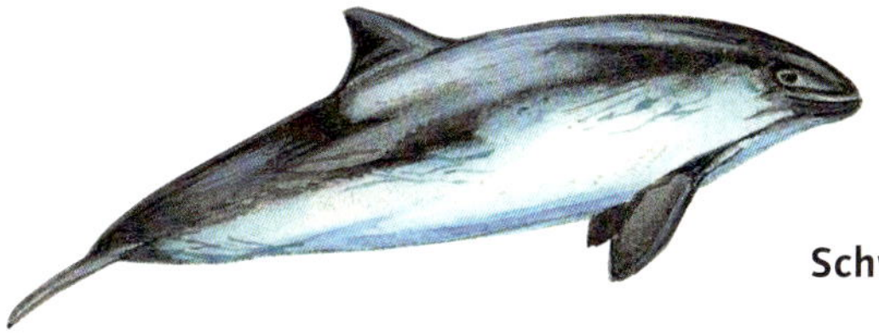

Schweinswal

- Du entscheidest selbst: Können Haie im Dunkeln sehen? ➡ Seite 152/153
- Haben Delfine Namen? ➡ Seite 162/163

Geheimnisvoll

Im Mittelalter fand man ab und zu Stoßzähne von Narwalen und dachte, sie stammen von den sagenumwobenen Einhörnern. Auch heute sind manche Delfine noch sehr geheimnisvoll. Den seltenen Fraser-Delfin kannte man bis vor wenigen Jahren nur durch ein 1895 gefundenes Skelett. Und den Burmeister-Tümmler hat noch kein Mensch lebend gesehen. Man weiß nur von ihm, weil sich einige dieser Tiere in Netzen verfangen haben.

Narwal
- Größe: 4–6 Meter
- Vorkommen: Arktische Meere.
- Besonderheiten: Männchen haben einen bis zu 2,50 Meter langen Stoßzahn.

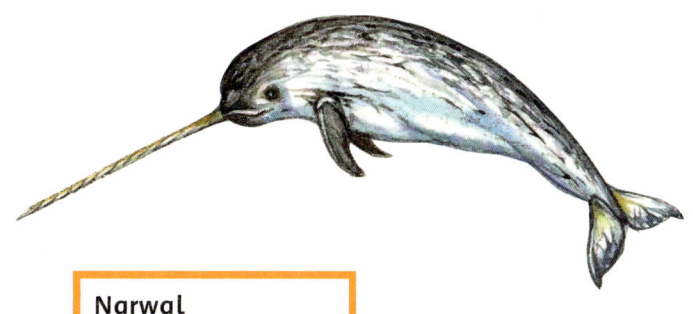

Lies mal weiter!
Seite 52, 150, 174

Flussdelfine

Amazonasdelfin
- Größe: 1,80–2,70 Meter
- Vorkommen: Amazonas und Orinoko (Südamerika).
- Besonderheiten: Größter Flussdelfin. Auch „Butu" genannt.

Flussdelfine sehen auf den ersten Blick merkwürdig aus. Mit ihrem langen Schnabel suchen sie im schlammigen Grund nach kleinen Krebsen. Im Gegensatz zu Meeresdelfinen können sie ihren Kopf bewegen.

Da sie ihre Augen im trüben Flusswasser kaum benutzen können, sind manche Arten wie der Gangesdelfin fast blind. Dafür können sie umso besser mit ihrem Sonar umgehen.

Vom Aussterben bedroht

Flussdelfine leben gefährlich. Weil an den Ufern von Flüssen meist viele Menschen wohnen, ist das Wasser verschmutzt. Zahlreiche Tiere sterben in Fischernetzen und bei Zusammenstößen mit Booten und Schiffen. Und Staudämme schneiden die einzelnen Gruppen voneinander ab. Bis auf den Amazonasdelfin sind deshalb alle Arten von Flussdelfinen vom Aussterben bedroht.

Scheue Tiere

Sehr gesellig sind Flussdelfine nicht.
Sie leben einzeln oder paarweise.
Menschen gegenüber sind sie scheu.
Sie halten sich von den Ufern fern
und zeigen sich nur kurz an der
Wasseroberfläche. Auch Sprünge
sind bei ihnen nicht üblich. Daher
ist es kein Wunder, dass erst
wenige Menschen einen Flussdelfin gesehen haben!

Seltene Delfine

Interview mit Dr. Dolph

Wie viele Flussdelfine gibt es
eigentlich noch?
Vom Gangesdelfin gibt es nur
noch 400 Tiere und vom Chi-
nesischen Flussdelfin wahrscheinlich nur noch 50. Er ist
der seltenste Delfin der Welt.
Oje! Kann man etwas tun, um
ihm zu helfen?
Die chinesische Regierung hat
verboten, ihn zu töten.

Außerdem sind Naturschützer
dabei, Schutzgebiete für ihn
einzurichten.
Ich wette, die Chinesen sind
stolz auf ihren Delfin!
Natürlich! Es gibt sogar eine
Biersorte, die nach ihm benannt worden ist.
Kann es trotzdem passieren,
dass er bald ausstirbt?
Ja, leider!

Gangesdelfin
▶ Größe:
1,50–2,20 Meter
▶ Vorkommen:
Ganges (Indien).
▶ Besonderheiten:
Schwimmt oft auf
der Seite und
durchpflügt mit
der Brustflosse
den Flussboden.

**Chinesischer
Flussdelfin**
▶ Größe:
1,50–2,40 Meter
▶ Vorkommen:
Yangtsekiang
(China).
▶ Besonderheiten:
Fast weiße Haut.
Wird auch „Baiji"
genannt.

Teste dein Wissen!

Welcher Delfin
ist der seltenste
der Welt?

(Chinesischer Flussdelfin)

Lies mal weiter!
Seite 150, 166, 172

Die wichtigsten Hai-Arten

Ähnlich wie Delfine leben auch Haie in allen Gewässern, sogar in manchen Flüssen! Es gibt 300 verschiedene Arten dieser Raubfische. Die Hälfte davon lebt in der Tiefsee. Von den anderen bevorzugen die meisten warmes Wasser und tummeln sich in den Tropen. Dort gibt es reichlich Fische als Beute für sie.

Leichtbauweise

Im Gegensatz zu anderen Fischen haben Haie keine Schuppen, sondern eine Haut. Sie haben auch keine gewöhnlichen Knochen, sondern ein leichtes und biegsames Skelett aus Knorpel – dem Stoff, aus dem auch deine Ohren und Nasenspitze

bestehen. Das macht sie zu schnellen und wendigen Schwimmern. Der Mako-Hai kann ähnlich wie ein Delfin sechs Meter hoch in die Luft springen!

Viel unterwegs

Hochsee-Haie und Weißhaie wandern im Jahr bis zu 4000 Kilometer – das entspricht fast der Strecke von Europa nach Amerika! Riffhaie dagegen leben immer am gleichen Ort. Wenn jemand in ihr Gebiet eindringt, werden sie aufgeregt und drohen dem Eindringling. Dabei machen sie einen Buckel, strecken die Brustflossen nach unten und schütteln den Kopf.

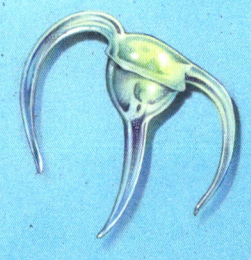

Kaum zu glauben
Die größten Haie sind völlig harmlos! Riesenhaie und Walhaie ernähren sich von winzigen Planktonteilchen.

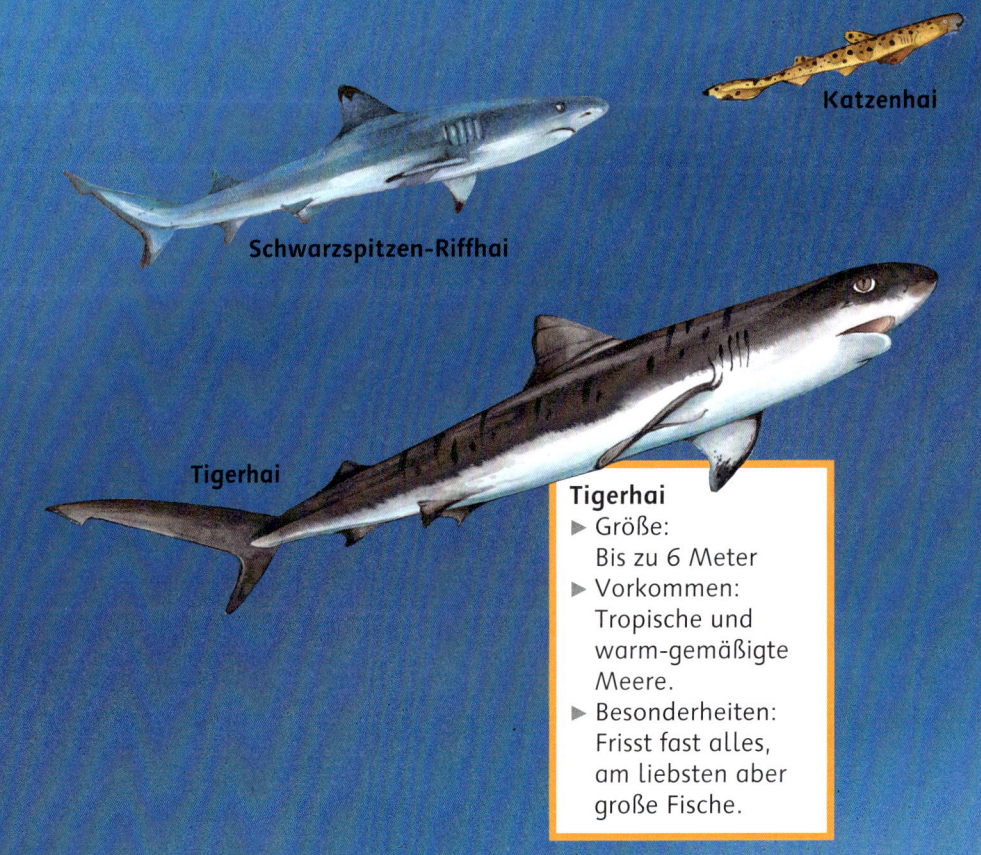

Katzenhai

Schwarzspitzen-Riffhai
▶ Größe:
Bis 2 Meter
▶ Vorkommen:
Tropen und Subtropen, an Korallenriffen.
▶ Besonderheiten:
Wird oft in Aquarien gehalten.

Schwarzspitzen-Riffhai

Tigerhai

Tigerhai
▶ Größe:
Bis zu 6 Meter
▶ Vorkommen:
Tropische und warm-gemäßigte Meere.
▶ Besonderheiten:
Frisst fast alles, am liebsten aber große Fische.

Wer an Korallenriffen taucht, sieht oft Schwarzspitzen-Riffhaie. Doch auch ein Tigerhai kann vorbeischauen!

Weißer Hai

Großer Hammerhai
- ▶ Größe:
  Bis 6 Meter
- ▶ Vorkommen:
  Tropische und
  warm-gemäßigte
  Meere.
  Küstennähe.
- ▶ Besonderheiten:
  Es gibt insgesamt
  10 Arten von
  Hammerhaien.

Hammerhai

Leopardenhai

Weißer Hai
- ▶ Größe:
  Bis zu 7 Meter
- ▶ Vorkommen:
  Weltweit.
- ▶ Besonderheiten:
  Ernährt sich von
  Robben, großen
  Fischen und
  Seevögeln.

Ungefährlich

Nur wenige Arten können dem
Menschen gefährlich werden. Viele
Haie, zum Beispiel Katzenhai oder
Leopardenhai, sind wenig mehr als
einen Meter lang und greifen keine
großen Säugetiere an. Der Zwerghai
misst sogar nur 23 Zentimeter.
Traurig, aber wahr: Auf jeden von
einem Hai getöteten Menschen
kommen 10 Millionen von
Menschen getötete Haie!

Engelshai

Engelshai
- ▶ Größe:
  Bis 1,50 Meter
- ▶ Vorkommen: Je
  nach Art Küsten-
  gewässer von
  Nordatlantik,
  Nordpazifik und
  Mittelmeer.
- ▶ Besonderheiten:
  Liegt auf dem
  Grund, bedeckt
  sich mit Sand und
  wartet auf vorbei-
  schwimmende
  Beute.

**Welche Hai-Arten
können dem Menschen
gefährlich werden?**
- • Weißer Hai
- • Tigerhai
- • Mako-Hai
- • Weißspitzen-Hochseehai
- • Grundhai

Du entscheidest selbst:
- • Müssen Haie atmen?
  ➡ Seite 150/151
- • Sind Delfine Raubtiere?
  ➡ Seite 154/155

Lies mal weiter!
Seite 152, 158, 173

Körper und Lebensweise

Sowohl Haie als auch Meeressäuger sind bestens an ihren Lebensraum Meer angepasst. Und zwar so perfekt, dass manche ihrer Fähigkeiten uns verblüffen. Wie schaffen es Haie, aus großer Entfernung festzustellen, wo es etwas zu fressen gibt? Mit welchem Trick bringen es Wale fertig, stundenlang die Luft anzuhalten? Und wie intelligent sind Delfine wirklich?

Körper

Haie und Delfine sind verfeindet und gehen sich lieber aus dem Weg. Aber sie sehen sich erstaunlich ähnlich und sind von der Oberfläche aus leicht zu verwechseln. Beide haben stromlinienförmige Körper und sind deshalb schnelle, wendige Jäger. Aber bei genauerem Hinsehen zeigt sich, dass Haie und Delfine sehr unterschiedliche Tiere sind.

Sauerstoff tanken

Haie holen sich den Sauerstoff, zum Atmen aus dem Wasser, das sie durch ihre Kiemen strömen lassen. Delfine und Wale dagegen kommen immer wieder zum Atmen an die Oberfläche.
Dafür können Haie schneller schwimmen: Der Mako etwa ist bis zu 100 Kilometer pro Stunde schnell!

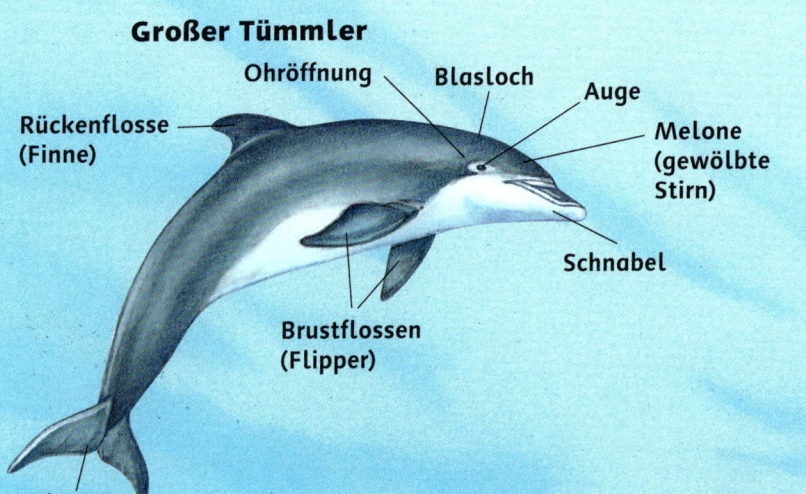

Großer Tümmler

Ohröffnung — Blasloch — Auge — Melone (gewölbte Stirn) — Schnabel — Rückenflosse (Finne) — Brustflossen (Flipper) — Schwanzflosse (Fluke)

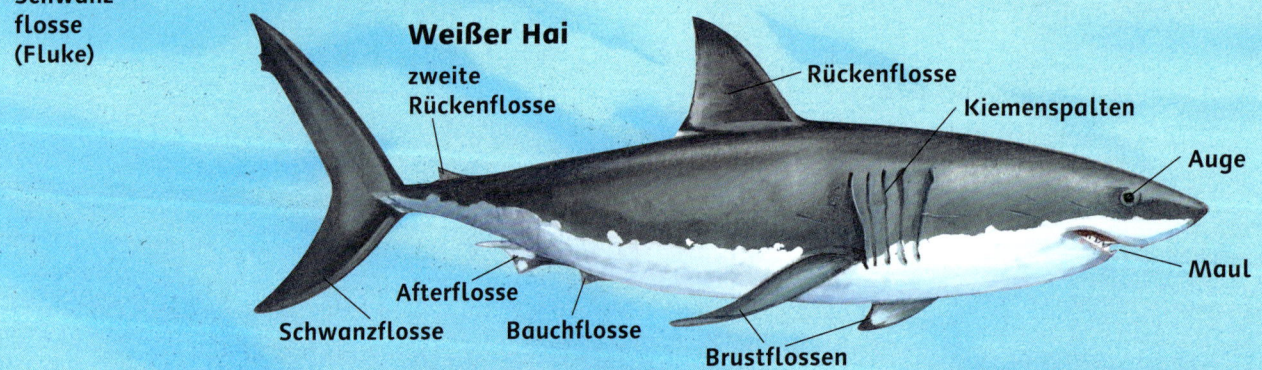

Weißer Hai

zweite Rückenflosse — Rückenflosse — Kiemenspalten — Auge — Maul — Afterflosse — Schwanzflosse — Bauchflosse — Brustflossen

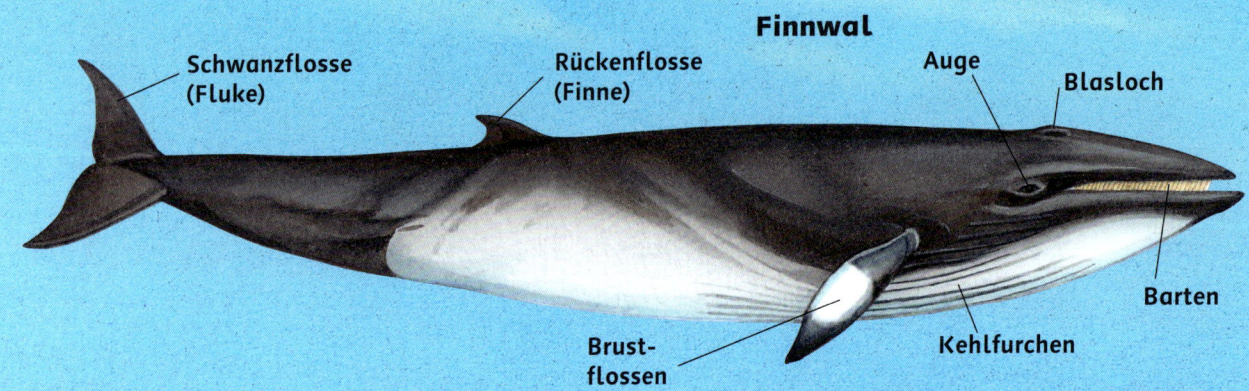

Finnwal

Schwanzflosse (Fluke) — Rückenflosse (Finne) — Auge — Blasloch — Brustflossen — Kehlfurchen — Barten

Hi, Alex!
Gestern waren wir in Sea World in Florida. Ich durfte nach der Show einen Delfin streicheln, cool, was? Seine Haut fühlte sich so an wie ein frisch gepelltes Ei, glatt und feucht. Ein anderes Mädchen wollte den Delfin nicht anfassen, weil er so viele spitze Zähne hatte. Der Delfin hat sich aber viel mehr für den Fisch des Trainers interessiert als für ihre Hand!
Viele Grüße, Nadja

An
Alex Wiesner
Schillerstr. 33
06114 Halle/Saale
Germany

Teste dein Wissen!

Wie nennt man die gewölbte Stirn von Delfinen?

(Melone)

Weltmeister im Luftanhalten

Wale und Delfine atmen nicht durch ihr Maul wie die Haie, sondern nur durch die Nase – und die sitzt oben auf ihrer Stirn. Wale prusten so kräftig durch ihr Blasloch, dass der Strahl, der sogenannte „Blas", bei einem Blauwal zwölf Meter hoch steigt. Dieser Strahl besteht nicht aus Wasser, sondern aus Luft mit Nebeltröpfchen.

Wale nehmen mit jedem Atemzug viel mehr Sauerstoff auf als ein Mensch. Außerdem können sie bei langen Tauchgängen ihren Herzschlag verlangsamen. So schaffen es zum Beispiel Pottwale, mehr als eine Stunde unter Wasser zu bleiben und über 2500 Meter tief zu tauchen.

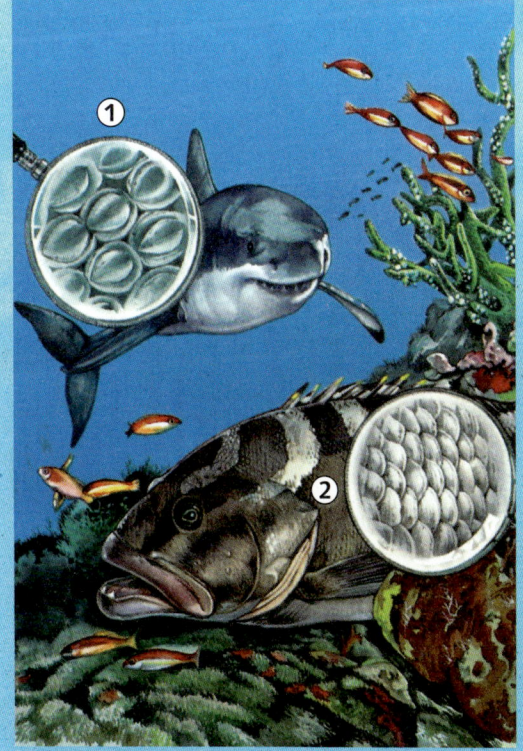

Die Haut von Haien (1) ist rau wie Sandpapier. Sie ist mit vielen kleinen Zähnchen besetzt. Knochenfische haben dagegen Schuppen wie dieser Zackenbarsch (2).

Lies mal weiter!
Seite 52, 162, 170

Sinnesorgane

Wie alle Raubtiere haben Haie und die meisten Delfine sehr scharfe Sinne. Haie können sogar die tiefen Schallwellen hören, die ein Fisch beim Zappeln erzeugt. Und das aus einer Entfernung von sechs Fußballfeldern! Mit ihrer hochempfindlichen Nase spüren sie winzige Mengen Blut im Wasser auf.

Aus der Nähe nehmen sie außerdem die elektrischen Felder wahr, die jedes Lebewesen umgeben. Haie haben ähnliche Augen wie Katzen und können daher auch in Dämmerung und Dunkelheit gut sehen.

Der Tastsinn

Bartenwale müssen ohne das Sonar auskommen. Dafür hören sie aber hervorragend, besonders tiefe Töne. Mit ihrer Haut können sie bereits kleinste Veränderungen des Wasserdrucks wahrnehmen und damit ihre Tauchtiefe und Geschwindigkeit abschätzen. Delfine gebrauchen die Unterseite ihres Schnabels wie wir Menschen unsere Fingerspitzen, um Gegenstände zu untersuchen. Da die Delfine keine Hände haben, benutzen sie ihren Schnabel und die Brustflossen, um Dinge festzuhalten.

Mit den kleinen Grübchen auf der Schnauze kann ein Hai elektrische Felder aufspüren.

Blauhaie haben einen verletzten Delfin aufgespürt.

Orientierung durch Schall

Die Augen von Meeresdelfinen bewähren sich unter und über Wasser hervorragend. Doch da man im Meer oft nicht weiter als zwanzig Meter sehen kann, ist ein gutes Gehör für sie noch wichtiger.

Zusätzlich haben alle Zahnwale einen besonderen Sinn: das Sonar. Wie Fledermäuse orientieren sie sich durch Schallwellen und die Echos, die von Objekten zurückkommen. Aus der Nähe können sie mit ihrem Sonar regelrecht in Körper „hineinsehen" und feststellen, woraus ein Objekt besteht.

Du entscheidest selbst:
- Wie viel wiegt die Zunge eines Blauwals?
  ➡ Seite 72/73
- Was fressen Haie?
  ➡ Seite 154/155

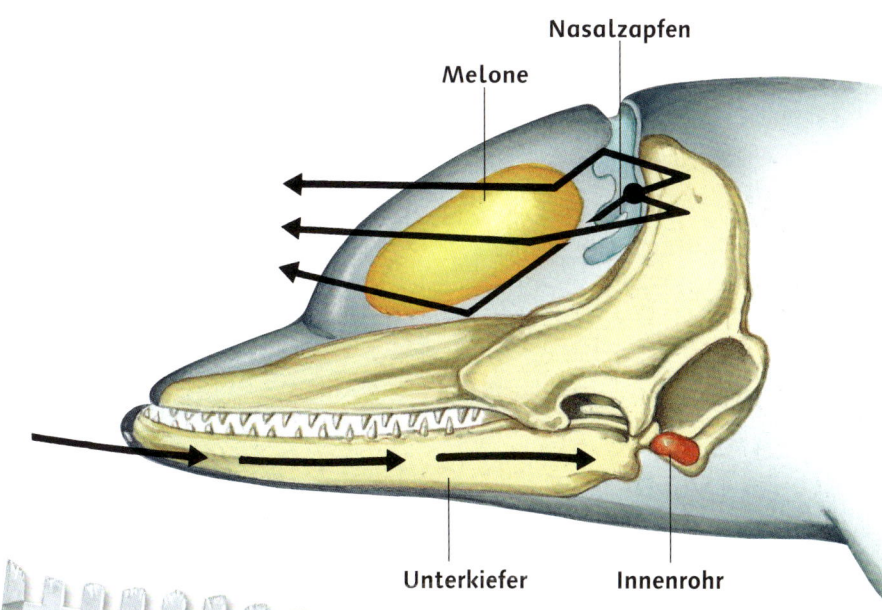

Melone — Nasalzapfen

Unterkiefer — Innenrohr

Das Sonar von Delfinen: Die Schallwellen werden im Kopf erzeugt und durch die Melone gebündelt ausgesandt. Die Kieferknochen fangen die Echos auf.

Probier es aus!

Klatsch doch mal in unterschiedlichen Räumen oder an verschiedenen Orten in die Hände (Flur, Wohnzimmer, Unterführung) und hör darauf, was das Echo über den Raum aussagt! Jetzt hast du eine Ahnung davon, wie sich Zahnwale mit ihrem Sonar orientieren.

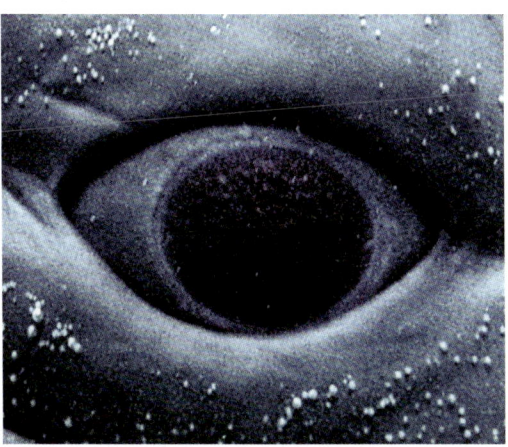

Wale haben für ihre Größe erstaunlich kleine Augen, sehen aber gut.

Delfine haben ähnlich wie wir Menschen eine hochempfindliche Haut.

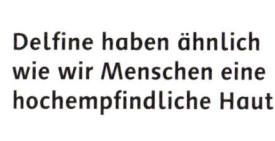

Lies mal weiter!
Seite 144, 170, 174

Ernährung und Jagdtechnik

Bartenwale ernähren sich von winzigen Lebewesen, dem Krill (kleinen Krabben). Davon gibt es in sehr kalten Gewässern am meisten.
Mit offenem Maul schwimmen die Wale durch Krillschwärme, bis ihre elastische Kehle aufgebläht ist wie ein Ballon. Anschließend drücken sie das Wasser durch ihre Barten wie durch ein Sieb wieder hinaus.

Nur die Nahrung bleibt dann im Maul des Wals zurück.
Ein Blauwal braucht vier Tonnen Krill am Tag, um satt zu werden – das entspricht 12 000 Pizzas!

Auf zur Jagd!
Zahnwale sind Raubtiere. Die Delfine einer Herde arbeiten zusammen, um Fischschwärme zu jagen und

Bartenwale (hier Finnwale) schlürfen sich durchs Meer wie durch eine Suppe.

einzukreisen. Dann flitzen die Tiere abwechselnd durch den Schwarm und schnappen sich ihre Beute. Andere Delfinarten ernähren sich von Tintenfischen und müssen, um an sie heranzukommen, zum Meeresboden tauchen. Flussdelfine wühlen beim Fressen mit ihrem langen Schnabel im Schlamm, um kleine Fische und Krebse zu erbeuten.

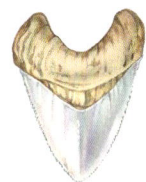

Kaum zu glauben

Haie haben keine Zahnprobleme! Beschädigte Zähne werden innerhalb weniger Stunden ersetzt.

Achtung, Hai!

- Bade nie nachts, in der Abenddämmerung oder bei Tagesanbruch im Meer. Zu diesen Zeiten jagen Haie.

- Geh nicht ins Meer, wenn du blutest!

- Trage im Wasser keine glitzernden Gegenstände, sie locken Haie an.

- Schwimme und surfe nicht in der Nähe von Robben und Seelöwen.

Die Nahrungskette

Plankton (winzige Pflanzen und Tiere) ist im Meer eine Art „Grundnahrungsmittel".

Kleine Fische und Krill fressen Plankton.

Größere Fische (wie z. B. Makrelen) fressen die kleineren Fische.

Große Raubtiere wie Haie und Delfine fressen die Fische.

Allesfresser

Haie sind eine Art „Gesundheitspolizei" des Meeres. Sie fressen vor allem schwache oder verletzte Tiere. Nach einer großen Mahlzeit können sie wenn nötig einen Monat fasten. Menschen schmecken Haien nicht besonders. Meist machen sie sich nach einem „Probebiss" wieder davon. Im Blutrausch ist Haien allerdings egal, was oder wen sie erwischen. Man hat schon Tigerhaie mit Autoreifen im Magen gefunden.

Weiße Haie verwechseln Menschen – besonders auf Surfbrettern – manchmal mit Robben.

Lies mal weiter!
Seite 138, 157, 174

Familienleben

Delfine und Wale sind am liebsten mit Artgenossen zusammen. Hochseedelfine wie der Blau-weiße Delfin ziehen in Gruppen („Schulen") von mehreren Hundert oder Tausend Tieren durchs Meer. Andere Arten wie der Fleckendelfin, der Große Tümmler und der Buckelwal leben in Herden mit fünf bis zwanzig Mitgliedern. Sieht man einen Wal allein schwimmen, ist es gewöhnlich ein älteres Männchen.

Meeresbiologen erforschen das Familienleben von Delfinen und Walen von Forschungsschiffen aus.

Gegenseitige Hilfe

Die Familiengruppen halten eng zusammen. Sie jagen und fressen gemeinsam, verteidigen einander und unterstützen sich bei der Aufzucht der Jungtiere.

Eine Schule Weißstreifendelfine zieht durchs Wasser.

Ist ein Tier verletzt, halten andere es an der Oberfläche, bis es ihm besser geht. Schlimmste Strafe für einen Delfin ist es, aus dieser Gruppe ausgestoßen zu werden.

Nicht immer friedlich

Innerhalb der Delfinschule gibt es lebenslange Freundschaften. Aber auch Auseinandersetzungen kommen vor. Deshalb sieht man auf der Haut von Delfinen oft helle Streifen – das sind Narben von Kämpfen.

Haie leben fast immer allein. Aber auch unter ihnen wird gekämpft, meist aus Futterneid.

Delfinschulen

Interview mit Dr. Dolph

Warum werden Delfinherden eigentlich „Schulen" genannt?

Keine Ahnung. Ständig gelernt wird da jedenfalls nicht! Aber es gibt wie in unseren Schulen Regeln, an die man sich halten muss. Zum Beispiel ist die Rangfolge zu beachten. Sonst gibt's Ärger.

Wie sieht man, ob ein Delfin einen hohen Rang hat?

Er schwimmt ganz oben, nahe der Oberfläche. Von da aus hat er es nicht weit zum Luftholen!

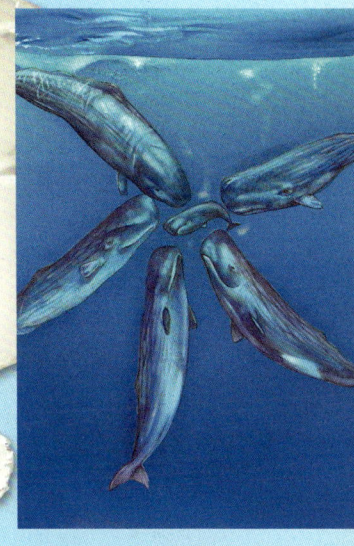

Bei einem Angriff bilden die Meeressäuger einen schützenden Ring um die Jungtiere.

Wird einer der Haie bei der Rangelei versehentlich gebissen, läuft er Gefahr, von seinen Artgenossen ebenfalls verspeist zu werden.

Lies mal weiter!
Seite 142, 160, 168

Fortpflanzung und Geburt

Es ist nicht leicht, bei Walen und Delfinen Männchen und Weibchen zu unterscheiden. Alle Fortpflanzungsorgane sind im Körper verborgen, um die Stromlinienform nicht zu stören. In der Paarungszeit merkt man jedoch schnell, wer die Bullen sind. Von Pott- und Buckelwalen weiß man, dass sie heftig um die Weibchen kämpfen! Außerdem sind bei Zahnwalen die Männchen meist größer als die Weibchen.

Wenn Delfine sich paaren, schwimmen sie einige Sekunden lang Bauch an Bauch.

Die Geburt

Von der Paarung bis zur Geburt dauert es bei Walen und Delfinen zehn bis fünfzehn Monate (beim Menschen sind es dagegen nur neun Monate).

Die Geburt ist eine gefährliche Zeit für Delfine. Denn das Blut, das dabei ins Wasser gelangt, lockt Haie an. Doch die Mutter und alle anderen Tiere der Herde verteidigen das Kleine und umsorgen es liebevoll. Die Flossen des Babys sind bei der Geburt weich und zusammengerollt, entfalten sich dann aber schnell. Neugeborene Wale und Delfine können sofort schwimmen.

Ist das Kalb geboren, schubst es die Mutter an die Oberfläche, damit es seinen ersten Atemzug nehmen kann.

Wal- und Delfinkälber werden mit der Schwanzflosse voran geboren. Ein zweites Weibchen hilft.

Liebe Mama!
Das Ferienlager ist total super. Heute waren wir lange am Strand. Da habe ich ein komisches Ding gefunden. Unser Betreuer Jo meinte, es ist das Ei eines Hais. Ich wusste gar nicht, dass es in der Nordsee Haie gibt! Erst habe ich mich nicht mehr ins Wasser getraut. Dann sagte Jo mir aber, dass die Nordsee-Haie klein und harmlos sind. Zum Glück! Deine Sandy

Schmerzhaft!

Haiweibchen signalisieren mit einem chemischen Stoff, dass sie paarungsbereit sind. Männchen, die diese Spur im Wasser aufnehmen, folgen ihr mit Höchstgeschwindigkeit. Nach einem gemeinsamen Schwimmritual beginnt das Männchen, das Weibchen förmlich anzuknabbern. Nach diesen „Liebesbissen" kommt es dann zur Paarung.

Manche Haie legen Eier, andere gebären nach ein oder zwei Jahren Tragzeit lebenden Nachwuchs.

Wenn man ein Hai-Ei gegen das Licht hält, kann man den Embryo darin sehen.

Manche Haiarten bringen lebende Junge zur Welt.

Blauwal-Kälber sind schon bei der Geburt so groß wie zwei Autos hintereinander und über 2 Tonnen schwer.

Du entscheidest selbst:
- Welche Hai-Arten können dem Menschen gefährlich werden?
➡ Seite 146/147
- Wie kann man einzelne Wale voneinander unterscheiden?
➡ Seite 174/175

Lies mal weiter!
Seite 146, 150, 173

Kindheit im Meer

Wenn der junge Wal oder Delfin ein paar Wochen alt ist, wagt er kurze Ausflüge in die Umgebung. Meist kehrt er schnell wieder zurück, um bei seiner Mutter zu trinken. Die Zitzen liegen in einer Bauchfalte nahe der Schwanzflosse. Alle Delfine sind verspielt, aber Jungtiere ganz besonders. Sie tragen Algenstücke in der Schnauze herum, toben mit Altersgenossen und necken andere Meerestiere. Mit der Schwanzflosse kicken sie Quallen wie Fußbälle umher. Und natürlich widmen sie sich der Lieblingsbeschäftigung der meisten Delfinarten: Wellenreiten vor dem Bug von Schiffen.

Die jungen Delfine spielen mit der Meeresschildkröte wie mit einem Spielzeug.

Gefährliche Jugend

Ein unbeschwertes Leben hat ein Delfinkalb allerdings nicht. Es muss nicht nur lernen, wie man jagt, sondern auch, welche Meerestiere gefährlich oder giftig sind. Trotz aller Vorsicht sterben bis zu einem Drittel der Jungdelfine durch Hai-Angriffe oder Unfälle. Die anderen sind nach fünf bis zwölf Jahren erwachsen und können je nach Art 30 bis 70 Jahre alt werden.

Ein Grauwal-Kalb mit seiner Mutter

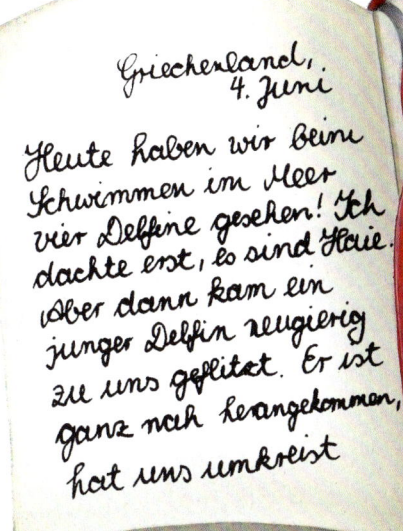

Griechenland,
4. Juni

Heute haben wir beim Schwimmen im Meer vier Delfine gesehen! Ich dachte erst, es sind Haie. Aber dann kam ein junger Delfin neugierig zu uns geflitzt. Er ist ganz nah herangekommen, hat uns umkreist und uns dabei die ganze Zeit angeguckt. Ich war total aufgeregt. Leider hat ihn seine Mutter nach ein paar Minuten zurückgerufen. Wir wollen morgen noch mal an dieser Stelle schwimmen. Der Kleine war so süß!

Kaum zu glauben

Walmilch enthält sehr viel Fett, deshalb nimmt ein Blauwal-Kalb am Tag 90 Kilogramm zu. Das ist so viel wie ein schwerer Erwachsener wiegt!

Vorsicht, bissig!

Junge Haie brauchen keinen Unterricht, sie sind sofort selbstständig – und auch schon gefährlich! Sogar wenn sie noch nicht geboren worden sind. Als ein Forscher einmal einem toten Sandtiger-Hai den Bauch aufgeschnitten hat und mit der Hand in die Eingeweide griff, biss ihm eines der Jungen darin einen Finger ab!

Teste dein Wissen!

Was machen Delfine vor dem Bug von Schiffen?

(Surfen)

Je schneller ein Schiff ist, desto mehr Spaß haben Delfine daran, auf seiner Bugwelle zu surfen.

Lies mal weiter!
Seite 140, 156, 174

Intelligenz und Sprache

Diese Laute kann ein Delfin machen:
- ► Pfeifen
- ► Knarren
- ► Klacken
- ► Zwitschern
- ► Bellen
- ► Quaken

Delfine erzeugen mit dem Blasloch Töne. Dass sie unter Wasser pfeifen, erkennt man an der Luftblasenspur.

Delfine sind neugierig, gelehrig und sogar fantasievoll. Ihnen in Gefangenschaft Kunststücke beizubringen ist leicht.

Eigentlich kein Wunder: Denn die Gehirne von Walen und Delfinen sind ähnlich groß und hoch entwickelt wie unsere. Neben den Menschenaffen sind Delfine die einzigen Tiere, die sich selbst im Spiegel wiedererkennen.

Auch Tricks, wie sie Orcas für die Jagd und Pottwale für die Flucht vor Walfängern entwickelt haben, beweisen, dass Wale alles andere als dumm sind!

Klug und geschwätzig

Delfine sind geschwätzig. Wenn sie zusammen schwimmen, tauschen sie ununterbrochen Laute aus. Bei einem Experiment konnten sich zwei Delfine zum Beispiel durch eine Trennwand hindurch mitteilen, welchen Hebel sie drücken mussten, um eine Belohnung zu bekommen.

Jeder Delfin hat einen eigenen „Signaturpfiff", eine Art Namen, den er sich kurz nach der Geburt selbst gibt. Mit diesem Pfiff sagt er: „Ich bin's!", und er wird damit auch von anderen Delfinen gerufen. So etwas kennt man von keiner anderen Tierart.

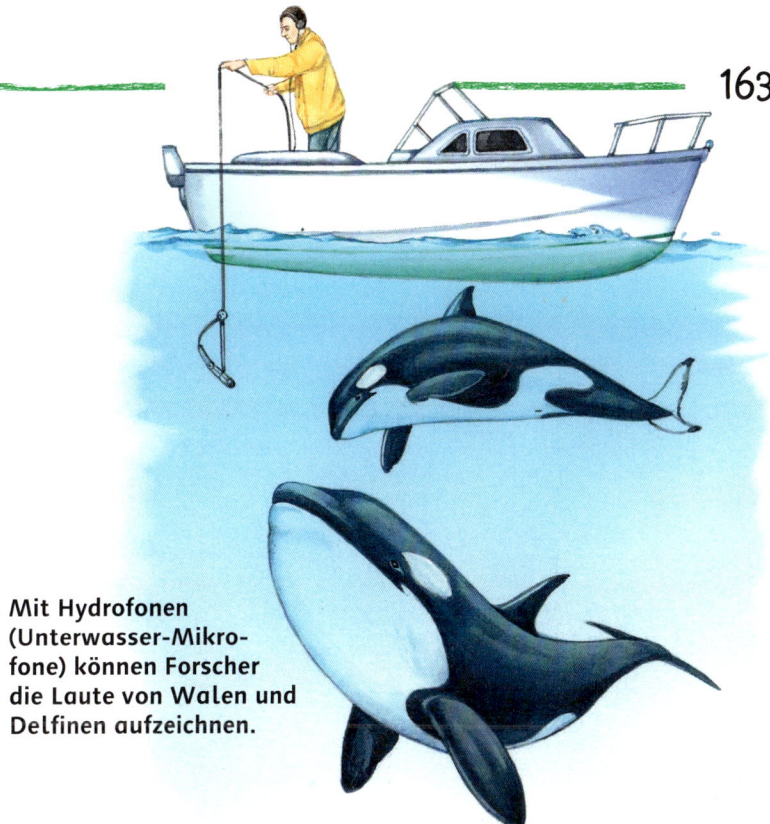

Lange Gesänge

Bartenwale verständigen sich mit tiefen Tönen, die man im Ozean Hunderte von Kilometer weit hört. Ähnlich wie die Lieder von Vögeln bestehen ihre Gesänge aus (allerdings nicht sehr melodischen) Melodien, die sich über Stunden hinweg wiederholen.

Auch mit Flossenklatschen und Sprüngen verständigen sich Wale und Delfine. Was sie sich damit mitteilen, weiß man aber noch nicht.

Mit Hydrofonen (Unterwasser-Mikrofone) können Forscher die Laute von Walen und Delfinen aufzeichnen.

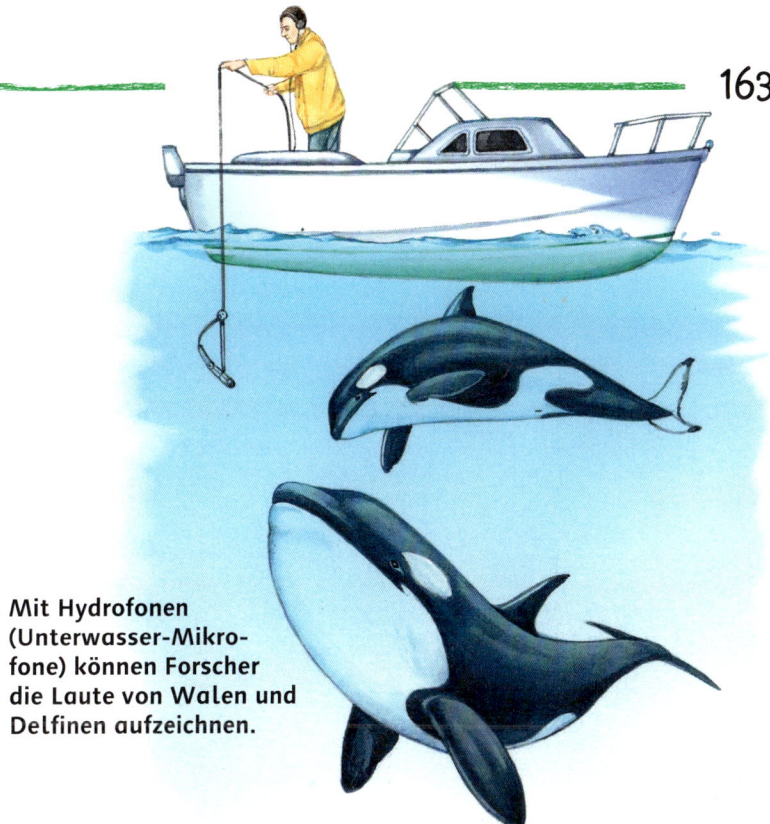

Du entscheidest selbst:
- Warum springen Delfine?
   Seite 142/143
- Was ist Whale-Watching?
   Seite 174/175

Besonders Buckelwale sind berühmt für ihre Gesänge.

Kluge Delfine

Honolulu, 25. September
Aufmerksam reckt Tümmlerweibchen Akeakamai den Kopf aus dem Becken. Mit Gesten gibt ihr Forscherin Lou Herman das Kommando „Bring den Ball zum Reifen!". Ohne Zögern folgt sie dem Befehl. Bei der nächsten Übung beantwortet Akeakamai fehlerfrei Fragen über Objekte im Becken, indem sie Signale für Ja oder Nein gibt. Forscher haben vier großen Tümmlern eine Zeichensprache beigebracht, durch die man sich in ganzen Sätzen mit ihnen unterhalten kann. Einer der Delfine beherrscht über 70 Wörter!

„Das Sprachverständnis von Delfinen ist erstaunlich", meint Herman. „So etwas kannte man bisher nur von Schimpansen!"

Lies mal weiter!
Seite 144, 166, 174

Wale, Delfine und Haie in Gefahr

Blauwale, die Giganten der Weltmeere, sind heutzutage nur noch sehr selten zu sehen. Ihre Zahl ist auf etwa tausend Tiere geschrumpft. Wie konnte das geschehen? Und wie geht es den Delfinen und Haien im Ozean und in den Aquarien? Sind auch sie in Gefahr?

In Gefangenschaft

Auch Orcas werden in großen Shows vorgeführt.

Im Jahr 1938 machte in Florida eine Filmgesellschaft ein Riesengeschäft mit Großen Tümmlern. Zum ersten Mal wurden diese gelehrigen Meeressäuger an Land in einem Becken gehalten und einem staunenden und gut zahlenden Publikum gezeigt. Nachdem ein Großer Tümmler in den 1960er- und 70er-Jahren die Hauptrolle in der Fernsehserie „Flipper" spielte, entstanden immer mehr Delfinarien. Dafür wurden sehr viele Tiere eingefangen – vor allem Große Tümmler, Gewöhnliche Delfine, Weißwale (Belugas) und Schwertwale (Orcas).

Aber weil man über diese Meeressäuger kaum etwas wusste, lebten sie oft nicht lange.

Erfolgreiche Zucht

Heute leben zahme Delfine manchmal in künstlichen Lagunen mit echtem Meerwasser. Dort gelingt die Zucht gut, sodass viele der Tiere bereits in Gefangenschaft geboren werden. Delfinarien sind umstritten, weil die Tiere nicht immer artgerecht gehalten werden. Die empfindlichen Meeressäuger müssen häufig in viel zu kleinen Becken leben und haben zu wenig Abwechslung.

Große Tümmler beeindrucken ihr Publikum mit bis zu sieben Meter hohen Sprüngen.

Ein Delfin als Haustier?

Interview mit Dr. Dolph
Dr. Dolph ich hätte gern einen Delfin als Haustier!
Du könntest ihn theoretisch in einem großen Schwimmbad halten. Aber weil Süßwasser nicht gut für seine Haut ist, müsstest du immer mal wieder ein paar große Säcke Salz reinschütten.
Kein Problem. Ich mache einen Deal mit dem Bademeister.
Aber besorg dir mindestens zwei Delfine, denn einer allein fühlt sich einsam.
Okay. Was fressen sie?
Etwa acht Kilogramm Fisch pro Tag und Delfin. Dafür reicht dein Taschengeld doch sicher, oder?
Äh, ich glaube, ich möchte doch lieber einen Hund!

Teste dein Wissen!
Unter welchem Namen sind Belugas noch bekannt?

(Weißwal)

Belugas brauchen ein Becken mit gekühltem Wasser, weil sie aus der Arktis stammen.

Kaum zu glauben
Für Delfine erscheint ein Betonbecken durch ihr Sonar so verwirrend wie ein Spiegelkabinett!

Große Tümmler sind sehr gelehrig und können viele Kunststücke lernen.

Nicht schießen!

So umstritten sie sind, Delfinarien haben eine wichtige Funktion. Erst in Gefangenschaft konnte man die Meeressäuger, ihre Fähigkeiten und Bedürfnisse richtig erforschen. Bevor es Delfinarien gab, interessierte sich kaum jemand für Delfine und deren Schutz. Noch in den 1950er-Jahren ließ die isländische Regierung Hunderte von Schwertwalen von Soldaten erschießen, weil sie als gefräßige Räuber und Schädlinge galten.

Lies mal weiter!
Seite 71, 154, 170

Zurück in die Freiheit

Wenn ein Delfinarium schließt, bekommen die Delfine manchmal die Chance auf ein neues Leben. Sie werden wieder freigelassen – man nennt das „auswildern". Aber einen Delfin, der lange in einem Becken gelebt hat, kann man nicht einfach ins Meer zurückschicken. Er hat sich daran gewöhnt, mit totem Fisch gefüttert zu werden. Lebende Beute zu fangen, muss er erst lernen. Ebenso sich im offenen Meer zurechtzufinden und Gefahren wie Schiffsschrauben zu erkennen und ihnen auszuweichen. Dass Haie für sie gefährlich sind, brauchen zahme Delfine aber nicht zu lernen. Sie wissen es instinktiv.

Free Willy

Wie schwierig die Auswilderung sein kann, hat sich bei Keiko gezeigt, dem Orca, der durch den Film „Free Willy" weltberühmt wurde. Millionen Kinder hatten dafür gespendet, den kranken und geschwächten Schwertwal aus seinem winzigen Becken in Mexiko zu befreien. Per Flugzeug wurde er nach Island gebracht, seiner ursprünglichen Heimat. Dort lernte er vier Jahre lang in einer mit Netzen abgetrennten Bucht, sich wieder wie ein richtiger Schwertwal zu verhalten. Doch die große Frage war, ob Keiko seine Familie auch wieder finden oder eine andere Gruppe Schwertwale ihn aufnehmen würde.

In Freiheit schwimmen Schwertwale rund 180 Kilometer pro Tag – das musste Keiko erst einmal trainieren.

Keiko – leicht zu erkennen an seiner in Gefangenschaft verkümmerten Rücken-flosse – wurde als „Free Willy" berühmt.

Liebe Jule,

viele Grüße aus England! Heute waren wir in einem Delfinarium. Die armen Tiere in dem kahlen Becken taten mir total leid. Jeden Tag müssen sie die gleiche Vorstellung geben! Hast du Lust, mit mir, Markus und Sara einen Verein zu gründen? Dann können wir ihnen helfen und sie vielleicht freikaufen. Wir könnten doch der Presse Bescheid sagen und Spenden sammeln.

Grüße von Kevin

Streicheleinheiten

Sehr glücklich schien Keiko mit seinem neuen Leben im Meer aber nicht zu sein. Er war zu sehr an Menschen gewöhnt. Nach seiner Freilassung wählte er eine Bucht in Norwegen als seine neue Heimat und ließ sich dort von Einheimischen und Touristen streicheln und füttern. 2003 starb er schließlich im Alter von 27 Jahren an einer Lungenent-zündung.

In Gefangenschaft werden die Tiere mit totem Fisch gefüttert und müssen ihre Beute nicht selbst fangen.

Ein ausgewilderter Delfin bemüht sich oft vergeblich darum, wieder „Familienanschluss" zu finden.

Du entscheidest selbst:
• Gibt es Haie, die Pflanzen fressen?
➡ Seite 146/147
• Was ist das größte Tier der Welt?
➡ Seite 138/139

Lies mal weiter!
Seite 144, 156, 174

Walfang

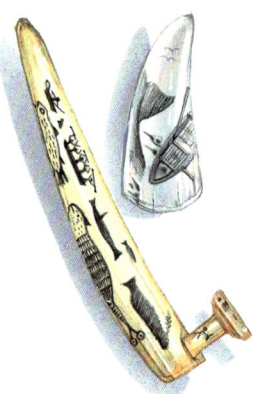

Indianer schnitzen oft kunstvolle Gegenstände aus dem Zahn des Narwals.

Im 19. Jahrhundert war die Jagd auf Wale schwierig und gefährlich.

Früher wurden Wale in großer Zahl gejagt. Aus ihrer dicken Speckschicht gewann man Öl für Lampen, Margarine und Seife. Die Barten verarbeitete man zu Korsetts (spezieller Unterwäsche für vornehme Damen), Bürsten und Regenschirmen. In Japan wird das Fleisch von Walen und Delfinen auch heute noch gegessen.

„Wal! Da bläst er!"

Wenn ein Walfangschiff in der Ferne die Atemfontänen einer Herde sichtete, wurden rasch kleine Boote zu Wasser gelassen. Sie schwärmten aus, verfolgten die Tiere und beschossen sie, wenn sie zum Atmen auftauchten, mit Harpunen. Aber im Zeitalter der Segelschiffe entkamen auch viele Wale ihren Verfolgern. Und manch ein wütender, verwundeter Gigant griff die Fangboote an und machte Kleinholz aus ihnen.

San Francisco Chronicle April 1890

Sie sind Seemann und wollen schnell reich werden?

Dann ist der Walfang etwas für Sie! Die Minerva sucht noch Harpuniere, einen Schiffszimmermann und einen Koch für ihre nächste Fahrt in die Arktis.

Nur wenige Monate Arbeit, und von jedem erlegten Tier bekommen Sie Ihren Anteil!

Die Jagd auf Wale brachte allen Beteiligten sehr viel Geld.

Keine Chance

Als immer schnellere Schiffe gebaut und Harpunenkanonen mit Sprengköpfen erfunden wurden, konnten die Walfänger mehr Tiere töten als jemals zuvor. Die Wale hatten kaum noch eine Chance.

Innerhalb weniger Jahre wurden viele einst weit verbreitete Arten wie der Blauwal oder der Nordkaper beinahe ausgerottet. Sie haben sich bis heute nicht davon erholt.

Walfang heute

Um die wenigen verbliebenen Wale zu schützen, gilt seit 1986 ein Walfangverbot. Aber es gibt Länder, die sich nicht daran halten. Sie töten noch heute Tausende von Walen pro Jahr, angeblich zu wissenschaftlichen Zwecken. Allerdings dürfen die Inuit und einige Indianerstämme weiterhin Wale jagen, um ihre Traditionen fortzuführen.

> **Wer fängt heute noch Wale?**
> ▶ Japan
> ▶ Norwegen
> ▶ Island
> ▶ Korea
> ▶ Inuit (Eskimo)
> ▶ Indianer

Du entscheidest selbst:
- *Wer waren die Vorfahren der Wale?*
  ➡ *Seite 136/137*
- *Welche Wesen leben in der Tiefsee?*
  ➡ *Seite 56/57*

In solchen Fässern wurde früher das Öl gelagert, das man aus der Speckschicht der Wale herstellte.

> **Lies mal weiter!**
> Seite 138, 154, 174

Netze, Lärm und Müll

Eine große Gefahr für Meerestiere sind Fischernetze. Jedes Jahr bleiben Tausende Delfine und Haie in den Maschen hängen, können sich nicht mehr befreien und sterben. Delfine werden manchmal aber auch mit voller Absicht getötet. „Die fressen uns die Fische weg!", ist die Begründung der Fischer.

Eingekreist!

Delfine jagen oft gemeinsam mit Thunfischen. Fischer, die es auf die Thunfische abgesehen haben, kreisen beide Arten mit Ringwadennetzen ein. Diese Netze sind die größte Gefahr für Delfine. Denn dabei werden nicht nur Thunfische, sondern auch viele Delfine getötet. Früher fielen jährlich Hunderttausende Hochseedelfine dieser Fangmethode zum Opfer. Inzwischen gibt es spezielle Fangtechniken, bei denen weniger Delfine sterben.

Müllkippe Meer

Den Meeresbewohnern macht die zunehmende Verschmutzung der Ozeane zu schaffen. Industrie, Schiffe, Landwirtschaft und Touristen benutzen das Meer als Müllkippe. In den Körpern von Delfinen, Haien und Walen sammeln sich Gifte wie Quecksilber an und machen sie krank. Auslaufendes Öl von Tankerunfällen vergiftet oft ganze Regionen und damit auch die Nahrung von Delfinen und Haien.

Durch Abfälle, die von Schiffen ins Meer geworfen werden, können Haie krank werden.

Delfine schwimmen an der Wasseroberfläche, Thunfische direkt unter ihnen – gefährlich für die Meeressäuger!

Suppe aus Haifischflossen gilt in Asien als Delikatesse. Jedes Jahr werden Hunderttausende Haie wegen ihrer Flossen getötet.

Das kannst auch du tun!
- ▶ Wirf keinen Müll ins Wasser (oder in die Landschaft …).
- ▶ Iss möglichst wenig Thunfisch und keine Hai-Produkte wie zum Beispiel „Schillerlocke".
- ▶ Fahr in Gebieten mit vielen Meeressäugern lieber Segelboot oder Kajak als Motorboot.

Ruhe bitte!

Schiffe, Jetskis, unter Wasser angebrachte Maschinen – alle machen Lärm. Damit stören sie Delfine und Wale, die ein sehr empfindliches Gehör haben. In Gebieten mit viel Schiffsverkehr haben Meeressäuger ähnliche Probleme wie Menschen, die an einer Hauptstraße wohnen. Der Lärm macht krank! Als die Marine ein spezielles, sehr lautes Sonar getestet hat, wurden ungewöhnlich viele tote Wale und Delfine angespült. Hat der Schallschock sie getötet?

Plastikmüll schwimmt jahrzehntelang im Wasser und gefährdet die Meerestiere.

Lies mal weiter!
Seite 146, 152, 163

Touristen wollen Wale gern fotografieren.

Heute haben die meisten Wale keine Scheu mehr vor Menschen und Booten.

Heutzutage haben manche Länder zum Glück erkannt, dass ein lebender Wal mehr wert sein kann als ein toter. Viele Touristen wollen Wale und Delfine in ihrer natürlichen Umgebung sehen und fotografieren – sie zahlen gut für eine Whale-Watching-Bootstour zu den Walherden. Die Einheimischen verdienen sich damit ihren Lebensunterhalt und achten gleichzeitig darauf, dass die Wale geschützt werden.

Unter Haien

Das Gleiche gilt auch für die Haie. Für Taucher ist es ein spannendes Erlebnis, Haie zu sehen und bei einer Unterwasser-Fütterung dabei zu sein. Um auch künftig mit diesen Touristen gutes Geld zu verdienen, hören die Einheimischen oft auf, Haie zu töten.

Zu viel ist zu viel!

In manchen Gegenden wollen so viele Bootsbesitzer Whale-Watching-Touren anbieten, dass ihre Zahl begrenzt werden muss. Denn wenn ein Dutzend Schiffe eine Gruppe umlagert, fühlen sich die Wale nicht mehr wohl! Jedes Boot muss genügend Abstand zu den Tieren halten, um sie nicht zu stören. Manchmal haben die Touristen aber Glück und ein Wal schwimmt neugierig näher.

15. Juni
Das war ein Ausflug heute! Gleich nach dem Losfahren sind Rundkopfdelfine neben dem Boot hergeschwommen. Dann haben wir lange nichts gesehen. Das war ein bisschen langweilig. Plötzlich hat der Kapitän zwei Buckelwale gesichtet. Das war super! Sie sind immer wieder kurz aufgetaucht. Dann mussten wir ein paar Minuten warten und nach den Walen suchen. Meistens kamen sie irgendwo wieder hoch, wo wir sie gar nicht vermutet hätten.

Los geht's!

Vielleicht hast du im Urlaub Gelegenheit zum Whale-Watching. In Gegenden, in denen es besonders viele Wale und Delfine gibt, werden in den Küstenorten oft Bootstouren angeboten. Präge dir vor dem Losfahren noch einmal ein, wie die verschiedenen Wale aussehen, damit du sie im Meer erkennst. Die genaue Flossenform und -zeichnung eines Wals ist übrigens so unverwechselbar wie ein Fingerabdruck!

Verschiedene Flossen des Buckelwals:

Schwanzflosse (Fluke)

Rückenflosse (Finne)

Brustflosse (Flipper)

Orca

Grauwal

Du entscheidest selbst:
• Können Wale singen?
➡ Seite 162/163
• Was ist der „Blubber"?
➡ Seite 138/139

Lies mal weiter!
Seite 140, 150, 170

Register

Aalstrich Dunkler Strich auf dem Pferderücken, der sich über den Rücken bis zum Schweif zieht

Aas Anderer Ausdruck für Kadaver. Einige Tiere ernähren sich vor allem von Aas.

Abzeichen Im Unterschied zur Fellfarbe anders gefärbte Körperstellen des Pferdes, meist am Kopf oder an den Beinen. Häufige Abzeichen am Kopf: Blesse, Flocke und Milchmaul.

Amphibien Auch Lurche genannt. Wechselwarme Tiere mit einer weichen Haut. Die meisten Lurche leben an Land und legen die Eier im Wasser.

Anpassung Darunter versteht man die Art und Weise, wie sich eine Art über einen langen Zeitraum verändert, um in einen Lebensraum zu passen.

Antarktis Das Gebiet rund um den Südpol

Arktis Das Gebiet rund um den Nordpol

Art Gruppe von Tieren oder Pflanzen

Balz Verhalten, um eine Partnerin für die Paarung anzulocken

Barten Hornplatten, die im Maul der Bartenwale dicht nebeneinander sitzen. Mit ihrer Hilfe filtern sie Plankton und kleine Fische aus dem Wasser.

Bartenwal Bartenwale werden zwischen 5 und 35 Meter lang. Sie haben im Maul schmale Hornplatten, in denen sich Plankton und kleine Fische verfangen, wenn die Bartenwale ihr Maul öffnen und Wasser einströmen lassen. Bekannte Arten sind der Zwergwal, der Buckelwal, der Grau- und der Blauwal.

Der Blauwal ist das größte Tier der Erde, er wird bis zu 35 Meter lang und 130 Tonnen schwer.

Bau Der Unterschlupf eines wilden Tieres

Bedrohte Art Eine Tier- oder Pflanzenart, die vom Aussterben bedroht ist

Bestäubung Dabei wird der Blütenstaub aus einer Blüte zu den weiblichen Geschlechtsorganen einer anderen Blüte derselben Art transportiert. Blütenstaub kann durch Wind, Wasser oder Tiere zu einer anderen Blüte gelangen.

Beuteltiere Eine Gruppe der Säugetiere, deren Babys kaum entwickelt sind. Bis sie groß genug sind, um alleine zurechtzukommen, leben sie im Beutel des Muttertiers.

Bienenstock Heim eines Bienenstaates, bestehend aus Tausenden von Wachszellen

Blasloch Atemloch auf dem Kopf eines Wales oder Delfins. Es befindet sich auf der Oberseite des Kopfes. Beim Ausatmen erzeugen die Wale unterschiedliche Blasstrahle, durch die man sie voneinander unterscheiden kann.

Blesse Weißer Streifen an der Stirn des Pferdes

Blubber Die Speckschicht unter der Haut von Walen. Früher wurden Wale unter anderem wegen ihrer Speckschicht gejagt, aus der Öl für Lampen, Margarine und Seife hergestellt wurde.

Cavaletti Kleine Hindernisse am Boden, mit denen ein Pferd oder Pony an das Springen gewöhnt wird

Delfin Warmblütiges Säugetier, das in den warmen und gemäßigten Meeren und in Flüssen lebt und mit Lungen atmet. Zum Atmen muss ein Delfin immer wieder an die Wasseroberfläche kommen. Delfine gehören zu den Zahnwalen. Die geselligen Tiere leben in Herden, sogenannten „Schulen" zusammen. Sie orientieren sich mithilfe von Ultraschalltönen. Diese Töne können von uns Menschen nicht gehört werden. Zu den bekanntesten Meeresdelfinen zählen der Große Tümmler und der Gewöhnliche Delfin. Flussdelfine wie der Amazonas- oder der Gangesdelfin sind sehr scheu und leben meist einzeln. Viele von ihnen sind vom Aussterben bedroht.

Delfinarium Salzwasserbecken zur Beobachtung oder Dressur von Delfinen, meist in einem Vergnügungspark gelegen.

Echo-Ortung Methode von Fledermäusen und Delfinen, sich zurechtzufinden bzw. Beute zu jagen. Sie stoßen Ultraschallwellen aus, die von den Objekten der Umgebung zurückgeworfen werden. Damit wissen Fledermäuse und Delfine, wie weit Gegenstände entfernt sind.

Exterieur Das äußere Erscheinungsbild eines Pferdes und der Körperbau (auch „Gebäude" genannt)

Falbe Pferd mit hellbraunem Fell und schwarzem Langhaar

Fellpflege Viele Tiere betreiben gegenseitige Fellpflege. Damit entfernen sie nicht nur Hautschuppen und Parasiten, sondern zeigen auch Zuneigung und stärken auf diese Weise ihren Zusammenhalt.

Feuchtgebiet Gebiet, in dem Sümpfe, Moore und Feuchtwiesen vorherrschen; bekannte Feuchtgebiete sind z.B. die Everglades in Florida und das Wattenmeer.

Fleischfresser Tier, das sich vom Fleisch anderer Tiere ernährt

Flocke Weißer Punkt an der Stirn des Pferdes

Fuchs Pferd mit bräunlichem Fell und braunem bis blondem Langhaar

Fühler Fortsätze am Kopf von Insekten und einigen Meerestieren. Tiere tasten, schmecken und riechen mit den beiden Fühlern.

Galopp Dreitakt. Man unterscheidet zwischen Rechts- und Linksgalopp. Beim Rechtsgalopp z.B. fußt das Pferd erst mit dem linken Hinterbein, dann gleichzeitig mit dem rechten Hinterbein und dem linken Vorderbein und danach mit dem rechten Vorderbein auf. Beim Linksgalopp ist es umgekehrt.

Gebiss Aus Leder, Metall oder Gummi bestehendes Stück des Zaumzeugs, das dem Pferd oder Pony ins Maul geschoben wird. Der Reiter wirkt mit dem Gebiss auf Zunge, Maulwinkel und den zahnfreien Teil des Unterkiefers ein. Die häufigsten Gebisse sind Trensen und Kandaren.

Geweih Paarweise wachsender „Kopfschmuck" von Hirschen, meist bei Männchen. Sie nutzen es im Kampf. Geweihe bestehen aus einer Knochensubstanz. Jedes Jahr im Herbst werden sie abgeworfen und wachsen mit der Zeit neu nach.

Gliederfüßer Tiergruppe mit Außenskelett und Beinen mit Gelenken. Sie haben keine Wirbelsäule. Zu den Gliederfüßern gehören Insekten, Krebstiere, Spinnen, Hundert- und Tausendfüßer.

Greifvogel Vogel, der Beutetiere jagt und frisst. Früher wurden sie auch Raubvögel genannt.

Grundfutter Futter für Pferde und Ponys, bestehend aus Gras, Blättern, Kräutern und Heu

Grundgangart Schritt, Trab und Galopp

Hai Haie haben ein knorpeliges Skelett und zählen deshalb zu den Knorpelfischen. Ihre Zähne sind sehr spitz und werden ständig erneuert. Die Fische haben mehrere Kiemen auf jeder Seite und holen sich den Sauerstoff zum Atmen aus dem Wasser. Manche Haie legen Eier, andere von ihnen bringen lebende Junge zur Welt. Die bekannteste Art ist der Weißhai, der uns Menschen gefährlich werden kann. Die meisten Arten sind aber harmlos.

Halfter Zaum ohne Gebiss, der locker am Pferdekopf liegt. Man benutzt ein Halfter, um Pferde oder Ponys an der Hand zu führen oder anzubinden. Am Halfter können Stricke eingehakt werden.

Harem Eine kleine Pferdefamilie. Dazu gehören immer ein Hengst, ein bis zwei Stuten mit ihren Fohlen und die ein- bis zweijährigen Jungtiere.

Hinterhand Teil der Pferdekörpers, der sich hinter dem Reiter befindet (Kruppe und Hinterbeine)

Hinterzwiesel Der höhere hintere Teil des Sattels

Horn Auch Keratin genannt. Körpersubstanz, aus der Haare, Zehen- und Fingernägel und bei manchen Tieren auch die Hörner bestehen.

Hufschlag Wege am Rand der Reitbahn. Der erste Hufschlag ist der Pfad am äußeren Rand der Bahn, der zweite Hufschlag verläuft etwas weiter innen. Hufschlagfigur Pfade auf der Reitbahn, z.B. Bahnwechseln, Schlangenlinien oder Zirkel

Jährling Ein einjähriges Pferd

Kaltblut Eine der vier Hauptgruppen der Pferderassen. Kaltblüter sind große, schwere und leistungsstarke Arbeitspferde und haben ein ruhiges Temperament. Bekannte Kaltblüter sind Ardenner, Shire-Horse, Schwarzwälder Fuchs, Belgier und Percheron.

Kandare Eine Form der Zäumung. Die Kandare wirkt stärker auf das Pferdemaul ein als die Trense, deshalb kann der Reiter feinere Hilfen mit ihr geben. Sie wird oft für die höhere Dressur eingesetzt.

Kardätsche Pferdebürste, die dem Fell Glanz verleiht

Kehlfurchen Furchen am Hals der Wale, die die Haut elastisch machen. Wenn der Wal beim Fressen Wasser ins Maul nimmt, dehnen sich die Kehlfurchen aus.

Keiko Weltberühmter Orca, bekannt aus dem Film „Free Willy". Er wurde wieder in die Freiheit entlassen, konnte sich aber nicht mehr an ein Leben ohne Menschen gewöhnen. Er starb 2003.

Kiemen Atemorgane fast aller wasserbewohnenden Tiere. Die Kiemen liegen bei den Fischen unter den Kiemendeckeln verborgen.

Korallenriff Struktur, die aus den Kalkskeletten abgestorbener Korallenpolypen besteht

Kötenbehang Haarbüschel an den Fesselgelenken von Pferden (meist bei Kaltblütern)

Kraftfutter Neben dem Grundfutter ergänzendes Futter für Pferde und Ponys bestehend aus Maisflakes, Pellets und Getreide

Krallen Zehennägel von Tieren, die als spitze Waffen bei der Jagd eingesetzt werden. Raubtiere und Greifvögel haben Krallen.

Kriechtiere Wechselwarme Tiere mit Schuppenhaut, auch Reptilien genannt

Krill Garnelenartige Krebstiere, vor allem in antarktischen Gewässern. Nahrung der Bartenwale.

Kruppe Rücken des Pferdes zwischen Kreuz- und Schweifansatz

Laich Eier von im Wasser lebenden Tieren, z. B. von Fröschen oder Fischen Langhaar Mähne, Schopf und Schweif des Pferdes

Lebensraum Umwelt, in der ein bestimmtes Tier oder eine bestimmte Pflanze lebt

Losgelassenheit Eines der Ziele des Dressurreitens, das Pferd bewegt sich entspannt und gelöst.

Metamorphose Die Verwandlung von der Larvenform zum erwachsenen Tier. Bei Amphibien versteht man darunter die Umwandlung von der Kaulquappe zum Lurch, bei Insekten ist es die Verwandlung einer Raupe zur Puppe und dann zum Schmetterling.

Milchmaul Weiße Färbung um das Maul des Pferdes

Mimikry Tarnung von Tieren, die durch ihr Aussehen gefährliche Tiere nachahmen, um Raubtiere abzuschrecken

Mittelhand Teil des Pferdekörpers, der sich unter dem Reiter befindet (Rücken und Bauch)

Nachtaktiv Nachtaktive Tiere verstecken sich tagsüber und gehen erst in der Dämmerung auf Futtersuche. Zu den nachtaktiven Tieren zählen z. B. Eulen oder Igel.

Nagetiere Gruppe von Säugetieren, die mit besonderen, an das Nagen angepassten Schneidezähnen ausgestattet sind, z. B. Mäuse, Ratten

Nahrungskette Abfolge von Lebewesen. Jede Gruppe ernährt sich von einer anderen. Beispiel: Pflanzen werden von Pflanzenfressern verzehrt und Fleischfresser ernähren sich von diesen Pflanzenfressern.

Nationalpark Geschütztes großes Gebiet, das nicht durch Bauten von Menschen zerstört werden darf

Naturschutzgebiet Kleiner Landstrich, in dem bestimmte seltene Tiere und Pflanzen vor dem Aussterben geschützt werden

Oase Ein fruchtbarer Ort in einer Wüste, meist an einer Quelle oder Wasserstelle gelegen

Ozean Atlantischer, Pazifischer und Indischer Ozean, Nord- und Südpolarmeer. Alle Ozeane sind miteinander verbunden.

Parcours Abfolge von zehn bis fünfzehn Hindernissen bei einem Springwettbewerb

Pelham Eine Form der Zäumung. Gebiss mit Gelenken und Kinnkette, kann mit zwei oder vier Zügeln verwendet werden

Pellets Getrocknetes und gepresstes Pferdefutter aus Getreide und weiteren pflanzlichen Produkten

Pferderasse Nach Körperbau und Temperament wurden die Rassen in vier Hauptgruppen eingeteilt: Kaltblüter, Warmblüter, Vollblüter, Ponys und Kleinpferde.

Pflanzenfresser Tiere, die sich nur von Pflanzen ernähren

Plankton Es besteht aus sehr kleinen Tieren und Pflanzen wie einzelligen Algen, Ruderfußkrebsen und Fischeiern. Plankton ist ein Grundnahrungsmittel für viele Fische und Garnelen und sogar der riesige Walhai ernährt sich von Plankton.

Polare Zone Region der Erde innerhalb der Polargebiete mit kaltem Klima, Schnee und Eis. Der nördliche Polarkreis umfasst die Arktis, der südliche die Antarktis. In der Arktis leben trotz eisiger Temperaturen Tiere, z. B. das Walross oder der Eisbär. Auch in der Antarktis leben Tiere.

Pony und Kleinpferd Eine der vier Hauptgruppen der Pferderassen. Die robusten und freundlichen kleinen Pferde – sie sind alle kleiner als 147,3 Zentimeter Stockmaß – stammen von kleinen Wildpferden aus dem Norden ab. Sie werden meist als Reit- und Zugpferde eingesetzt. Bekannte Kleinpferde sind Haflinger und Camargue-Pferd, bekannte Ponys sind Shetland-Ponys, Dartmoor- und Island-Ponys.

Przewalski-Pferd Das einzige heute noch lebende echte Wildpferd. Seinen Namen verdankt es dem General Przewalski, der die Pferde in der Mongolei entdeckte und sie vor dem Aussterben rettete. Typische Kennzeichen sind das hellbraune Fell, die schwarze Färbung von Beinen, Mähne und Schweif, die Stehmähne und der Aalstrich auf dem Rücken.

Rangordnung In einer Herde festgelegte Ordnung: Der Leithengst führt die Herde an und nur er darf sich mit den Stuten seiner Herde paaren. Die Leitstute ist das ranghöchste weibliche Tier in der Herde. Diese Ordnung ist aber nicht starr, sondern kann sich immer wieder verändern. So wird der alte Leithengst von seinem Platz vertrieben, wenn ihn ein Junghengst in einem Kampf besiegt hat.

Rappe Pferd mit schwarzem Fell und schwarzem Langhaar

Raubtier Ein fleischfressendes Tier, das andere Tiere jagt und tötet

Regenwald Tropischer Wald mit dicht wachsenden Bäumen und Pflanzen. Hier fällt eine große Menge an Niederschlag.

Revier Gebiet, in dem ein Tier lebt. Es wird gegen Mitglieder derselben Art verteidigt.

Robusthaltung Natürliche Pferdehaltung. Die Tiere sind das ganze Jahr über im Freien auf einer Weide mit ausreichend Futter und Wasser und einem Unterstand (Offenstall).

Rückepferde Pferde, die auch heute noch bei der Waldarbeit eingesetzt werden

Rudel Kleine Gruppe von zusammenlebenden Tieren

Saftfutter Neben dem Grundfutter ergänzendes Futter für Pferde und Ponys, bestehend aus Apfel- und Karottenstückchen

Säugetiere Säugetiere bringen lebende Junge zur Welt, bis auf eine Ausnahme: die Eier legenden Kloakentiere. Die Jungen werden von der Mutter gesäugt. Zu den Säugetieren gehören mehr als 4500 Arten, alle sind gleichwarm und atmen mit Lungen.

Savanne Offene Landschaft, in der nur Gras und sehr wenige Bäume wachsen.

Schimmel Pferd mit hellgrau-weißem Fell und weißem Langhaar

Schopf Teil der Mähne zwischen den Ohren

Schritt Viertakt. Das Pferd setzt mit jedem Fuß einzeln auf.

Schuppen Feste Hautgebilde aus Keratin oder auch Knochen. Schuppen tragende Tiere sind z. B. Schlangen.

Schwarm Gruppe von zusammenlebenden Tieren, z. B. bei Fischen und Vögeln

Sonar Ein besonderes Sinnesorgan aller Zahnwale. Wie Fledermäuse können sich die Wale durch Schallwellen und die zurückkommenden Echos orientieren. Die Kieferknochen fangen die Echos ein.

Spezialgangart Typisch bei Island-Ponys: Tölt (schnell gelaufener Schritt) und Passgang (Pferd setzt die Beine einer Seite gleichzeitig auf)

Steppe Grasland in Osteuropa und Zentralasien

Stockmaß Die Höhe eines Pferdes am Widerrist, die mit einer Messlatte gemessen wird

Sulky Leichter, zweirädriger Wagen, in dem ein Fahrer beim Trabrennen sitzt

Taiga Fest zusammenhängendes Waldgebiet in Asien, Nordamerika und Europa. Es grenzt an die Arktis.

Takt Gleichmäßige Bewegung des Pferdes in den Grundgangarten

Tarnung Körperformen und Farben, durch die ein Tier perfekt an seine Umgebung angepasst ist.

Tarpan Wildpferd, das ausgestorben war und rückgezüchtet wurde

Trab Zweitakt. Das Pferd berührt mit den diagonal laufenden Beinen den Boden (z. B. vorne links und hinten rechts).

Trense Eine Form der Zäumung. Die Trense hat in der Mitte ein Gelenk und ist im Pferdemaul beweglich.

Tundra Baumloses Festland der Arktis. Der Boden ist hier ab einer Tiefe von 1 m dauerhaft gefroren.

Übergang Wechsel von einer Gangart in einer andere

Urpferd Ausgestorbener Vorfahr der heute lebenden Pferde. Eohippus lebte vor 50 Mio. Jahren und war nicht größer als ein Fuchs. Mesohippus entwickelte sich vor 25 Mio. Jahren, seine Nachkommen waren Merychippus (vor 12 Mio. Jahren) und Pliohippus (vor 3 Mio. Jahren).

Versammlung Das Pferd befindet sich in völligem Gleichgewicht, die Vorderbeine sind leicht entlastet, seine Hinterbeine unter den Körper gesetzt, und der Hals ist schön gewölbt.

Vollblut Eine der vier Hauptgruppen der Pferderassen und die älteste Pferderasse der Welt. Vollblüter sind lebhafte, elegante und schnelle Pferde, die meist als Rennpferde eingesetzt werden. Die wichtigsten Rassen sind das Arabische und das Englisches Vollblut. Der Vollblutaraber gilt als Vorfahre aller anderen Vollblüter.

Vorderzwiesel Der vordere (hohe) Teil des Sattels

Wal Warmblütiges Säugetier, das ständig im Wasser lebt und mit Lungen atmet. Zum Atmen muss ein Wal immer wieder an die Wasseroberfläche kommen.

Walfang Jagd auf Wale mit Walfangschiffen. Früher gewann man aus der dicken Speckschicht der Wale Seife, Margarine oder Lampenöle. Viele Arten

wie der Blauwal wurden dadurch fast ausgerottet. Inzwischen gilt in vielen Ländern ein Walfangverbot.

Wanderung Einige Tiere ziehen zu bestimmten Zeiten im Jahr von einem Ort zum anderen, um der Kälte zu entfliehen oder um Nahrung zu finden.

Warmblut Eine der vier Hauptgruppen der Pferderassen. Warmblüter entstanden durch Kreuzung verschiedener Rassen, v.a. mit dem Englischen Vollblut. Es sind lebhafte Pferde, die als Freizeit-, Dressur- und Springpferde eingesetzt werden. Bekannte Warmblüter sind Hannoveraner, Holsteiner, Lipizzaner, Quarter Horse und Trakehner.

Warmblütige Tiere Säugetiere und Vögel. Sie können eigene Körperwärme erzeugen und bleiben daher selbst bei niedrigen Temperaturen warm.

Wechselwarme Tiere z.B. Amphibien oder Reptilien. Diese Tiere können keine Wärme erzeugen, ihre Körpertemperatur ist immer ihrer Umgebung angepasst. Widerrist Der erhöhte vordere Teil des Rückens beim Pferd. Am Widerrist wird die Höhe des Pferdes gemessen.

Wildpferd Es entwickelte sich vor mehr als 1 Mio. Jahren aus dem Urpferd. Unser heutiges Pferd stammt von den drei verschiedenen Wildpferden ab: dem Wald- und Steppentarpan (ausgestorben) und dem noch heute lebenden Przewalskipferd. Weitere heute noch halb wild lebende Pferde und Ponys: Camargue-Pferde in Frankreich, Dülmener Wildpferde in Deutschland, Dartmoor-Ponys in England und Mustangs in den USA.

Winterschlaf Ruhezustand, in dem einige Tiere (z.B. Siebenschläfer, Igel, Murmeltier) die kalte Jahreszeit überstehen

Wirbeltiere Tiere, die eine Wirbelsäule und ein festes Skelett besitzen. Dazu gehören u.a. Fische, Reptilien, Vögel und Säugetiere.

Wüste Ein Gebiet der Erde, in dem im Jahr weniger als 25 cm Regen fallen. Nur wenige Pflanzen und Tiere können hier überleben.

Zahnwal Zahnwale erreichen Längen zwischen 1,30 und 20 Meter. Sie haben Zähne im Maul und jagen Fische, Tintenfische und auch Pinguine und Robben. Es gibt 80 Arten von Zahnwalen. Die bekanntesten unter ihnen sind die Delfine und die Pottwale. Pottwale werden bis zu 20 Meter lang und 40 Tonnen schwer.

Zaumzeug Geschirr aus Leder und Metall, das dem Pferd über den Kopf gezogen wird. Zum Zaumzeug gehören Kopfstück, Gebiss und Zügel.

BILDNACHWEIS

(u=unten, o=oben, r=rechts, l=links, M=Mitte)

Archiv Boiselle: Seite 98, 103, 112, 118, 125 o.

CORBIS: 164/165, 166 o., 167 M., 167 u.,
169 o., 170 u.

Digitalstock/E. Nast: Seite 119

Edgar R. Schoepal: Seite 116 o., 117 u., 120,
125 u., 130, 131

Fotolia: 38 (Katie Little), 90 (Foto-Biene), 169 M. (Zap
Ichigo), 171 (Judy Tejero Photography), 173 o.r. (maurisole),
173 u. (Matauw), 174 o.r. (etfoto), 174 u. (The Photos)

iStockphoto: Seite 30/31 (AVTG),
33 o. (janeff), Seite 99, 116 u. (cynoclub), 126/127 (melhi)

JUNIOR/Juniors Tierbildarchiv, Ruhpolding: Seite 16, 17, 29
M.r., u., 32, 37, 43, 45, 46, 47, 51, 54, 61, 65, 71 o.l., 72,
77, 87, 92/93, 102, 106, 109, 110, 117 o., 122, 128, 142 u.,
152 o., 153 u.,159 M.r., 162 u., 166 u., 167 u.

Pixelquelle: Seite 97 r. und l.

Spanische Hofreitschule, Bundesgestüt Piber GöR, Wien:
Seite 129 u.

Sylvia Englert: Seite 163 o.

Tierfoto Sabine Stuewer: Seite 80, 82, 85, 89, 94, 96, 104/105,
129 o., 133

Wikipedia: Seite 35, 71 o.r., 97 M. beide, 137 M.

ILLUSTRATIONEN

Elisabetta Ferrero

Cinzia Antinori (38 M.l., 55 M., 59 u., 65 u.)

Lucia Brunelli (15 o., 15 M., 24 o.l., 32 o.r.)

Anna Luisa u. Marina Durante (20/21, 22, 26 u., 32,
33 o., 34, 35 o.r., 39 o.r., 40, 42 M.r., 44–45 u., 61 o.r.,
62 o.l., 69 o.)

Bibliografische Information der Deutschen Nationalbibliothek

Die Deutsche Nationalbibliothek verzeichnet diese Publikation in der
Deutschen Nationalbibliografie; detaillierte bibliografische Daten
sind im Internet über **http://dnb.d-nb.de** abrufbar.

3 2 1   16 15 14

© 2014 Ravensburger Buchverlag Otto Maier GmbH
Postfach 1860, 88188 Ravensburg

Umschlag: dieBeamten.de/Anja Langenbacher und Reinhard Raich

Text: Sandra Noa (S. 10–73), Martina Gorgas (S. 74–133),
Sylvia Englert (S. 134–175)

ISBN 978-3-473-55371-6

www.ravensburger.de